稲田和浩

日本文化論序説

知れば得する！
日本の「芸能」と「物語」

彩流社

目次

はじめに

先日、子供向けの演劇の制作の方と話をしていたら、「最近二十歳以下の子の中には、狐狸が化ける、というのが理解出来ない子がいる」と言う。そんなことはあるまい、と思うが、現場の人が言うのだから、そういう傾向がないとは言えないのかもしれない。

狐狸は化けるもので、川に行けば河童がいて、山には山姥や雪女がいる。そんなのはもう日本人の常識ではなくなった。考えてみれば、私たち(一九六〇年生まれ)ですら、狐狸に化かされたことはないし、河童も見たことはない。だが、友達の家のばあちゃんは、若い頃、狐に化かされたと言っていたんだ。そういう日本の原風景の証言を聞いている最後の世代なのかもしれない。だから、私たちの子供世代はぎりぎり理解できても、孫世代になると、もうわからなくなるのも無理はないのかもしれない。

現在、筆者が大学で講義している「日本文化論」では、「日本の物語から、日本文化を探る」ことを目的に、神話、おとぎ話、「源氏物語」、「忠臣蔵」、講談、浪曲、落語、怪談などの物語を解説した。

まず、現代の大学生は、神話はほとんど知らなかった。おとぎ話は五割、「桃太郎」「かぐや姫」は知っているが、「安寿と厨子王」「金太郎」はわからない。ちょっと驚き。「源氏物語」「伊勢物語」は高校の授業でやったから知っていたが、古典の授業をやめるという今後の教育が怖くなる。「忠臣蔵」を知らないのはしょうがない。講談、浪曲、落語も知らなくて当然。落語は少しは知っている学生はいたし、今の落語ブームのおかげは少しはあるのか。講談も神田伯山なら三人くらいは知っていた。

時代劇で、武士がすぐ刀を抜くのが怖い、と言った学生もいた。確かに、簡単に人を殺す場面がテレビに映し出される。それを怖いと思う方が普通なのか。バッタバッタと斬り倒すチャンバラ映画を、なんの感慨もなく、ずっと見て来たことを恥じたほうがいいのか。ただ、物語の中の、日本文化を語るうえで、そうした物語に学ぶものは多い。そのためのテキストは必要だ。

神話(古事記、日本書紀)はデタラメ公文書である。なんで神話が公文書に載るのか。それを考えなきゃいけないんだよ。

昔の日本人は面白いことが好きだった。ある意味、ロマンチストだったんだ。デタラメな神話の中にも、たとえば仁徳天皇のような人がいたりする。

「忠臣蔵」って忠義の武士たちの話だと思ったら大間違い。忠義の武士たちを賞賛する陰で、歌舞伎や講談では、義士に加わらなかった者、裏切る者、義士たちのために献身的に尽くす家族や家来、見守る親戚、そんな人たちのドラマが描かれる。

天皇や日本人の宗教観や大和魂を論じるつもりはもうとうない。抽象的な日本人論をぶちかますのではなく、日常の生活の中に見る日本ならではの風物、様式、それらを基本にした日本人ならではの行動と発想を考察する。それが物語の中に存在するのだ。

たとえば「日本人はお洒落である」。

日本人のファッションのセンスはヨーロッパやアメリカに遅れをとるものではない。なぜなら、四季があるからだ。四季に衣替えをするのは、暑さ寒さにあわせた衣装を着るからであるが、それを繰り返すことで「季節ならではのお洒落」が生まれた。現代では、夏に浴衣の若い女性を見ることが多くなった。浴衣は着ている当人が涼しいのではない。まわりをも涼しくするのだ。お洒落とは、単に着飾ることではない。「着る」というのは暑さ寒さに関わるもので、一人の人の衣装がまわりにも暖や涼を与えたりもする。それがファッションなのだ。

昔ながらの浴衣だけではない。現代の若者は、現代人ならではの図柄やお洒落を工夫して着る、そうしたアレンジ力が日本人にはあることがわかる。これはすなわち、世界に誇る日本の技術力にも通じるものがある。

日本独特の音楽、三味線や琵琶、しかし、それらはルーツをたどれば中国や東南アジア、インドや西アジアになる。沖縄の三線が安土桃山時代に関西に伝わり流行した。しかし、関西には三線の皮にするほど蛇がいなかったので、犬や猫を捕まえて皮にしたのが三味線のルーツ。琵琶は奈良時代に中国から伝わり、今日でも宮廷音楽として伝わる楽琵琶は昔のままだが、七百年の歴史の中で日本人好みにアレンジされ、今日の薩摩琵琶や筑前琵琶が生まれた。

このように日本は中国や朝鮮やアジアの文化を巧みに取り入れアレンジし、日本独特の文化を作り出した。それは音楽に限らず、茶器などの工芸や、絵画などにも言えることである。

江戸時代、中国などの文化が「唐もの」と言われ庶民に流行した。外国文化をいち早くとらえ、日本人の文化を生み出すというのも、日本人ならではのことである。

日本の音楽といえば、何も三味線や琵琶だけではない。一九六〇年以降で言えば、アメリカやヨーロッパのロックンロールこそが「唐もの」であり、それを見事に日本人の音楽、Ｊポップとしてしまったのだ。

天皇や和服や和式便所で日本人を語るのではない。四季のある島国での「生活」から得た「日本人」「日本人らしさ」「日本人の伝統」などが日本文化なのではないか。そんな日本文化を物語を軸に考えてみたい。

第一章　日本文化史

一　日本演劇史

日本にはいろいろな芸能が存在する。能、狂言、歌舞伎などの古典演劇、明治以降の新劇や新派、大衆演劇などの近代演劇、オペラやミュージカルも日本流にアレンジされて上演されている。落語、講談、浪曲、漫才、コントなどの演芸もある。

それぞれが日本文化を表現し語っている。まずは、演劇を中心に芸能の歴史をふり返ってみよう。

日本芸能の起源はストリップだった

日本最古の芸能については「古事記」に書かれている。「古事記」は八世紀に書かれた日本最古の歴史公文書。公文書なのに、その前半に書かれているのは神話というのが面白い。

その神話の中に、日本で最初の芸能が登場する。

太陽の神様、アマテラスが岩戸に隠れてしまったので、世界が闇に包まれてしまった。どうしようかと八百万《やおゆろず》の神々《かみがみ》が集まって相談したが、いい考えが出ない。その時、アメノウズメという女神が伏せた樽の上に乗って突然踊りだした。アメノウズメの踊りは激しくなり、踊りも過激に乱れ、衣服も乱れる。（中略）これには八百万の神々も驚き、次第に歓声を上げておおいに盛り上がる。岩戸の中のアマテラスは自分が隠れて世界が闇に包まれているのに何を盛り上がっているんだ、と岩戸をそっと開けてのぞいたところ、無理矢理扉を開けさせられてしまい、世界に光が戻った、というお話。

勿論、神話の話である。女神が踊り出した。衣服が乱れて。神懸りになり、アメノウズメは我を忘れた。決して我を忘れたわけではない。踊りが熱狂的で我を忘れたかに見えた。そして、女性が隠すべきところを露わにして踊った。八百万の神々は、笑い喜び喝采を上げた。そこには狂い踊る女のおかし味があるのだ。笑いとエロスに満ちた狂わしき踊りに、日本芸能の原典がある。「笑いとエロス」こそが、神世の時代から人々の心を牽きつけた、まさに芸能の原典なのである。

能・狂言

能は中世に起った舞踊劇。主人公の心情は、シテという主人公が舞いで表現する。ワキ、いわゆる他の演劇でいう脇役なんだけれど、これは脇役というよりは、観客代表みたいな立場で、シテに心情を問いかけたりする。

《能の発生》

日本は農業の国で、豊作を祈願するために、神様を喜ばせる芸能がいろいろ行われていた。稲作に関する芸能は「田楽《でんがく》」と呼ばれた。田楽を演じる職業芸能者が平安時代くらいから現われた。田楽に、中国から渡ってきた散楽《さんがく》が加わる。散楽には、曲芸とか、奇術とか、アクロバットや不思議なものを見せるものがあって、それが平安時代の後期に、街で投げ銭をもらいながら公演したりもした。

市井の芸能の中には、時の政府を批判するような風刺の演劇も行われた。税金が高かったり、災害や疫病が起こっても何もしてくれなかったり。今も昔も、そういう権力者には不満に思うことが多かったから、風刺劇は受けた。風刺劇はどちらかというと、「お笑い」の要素が強く、狂言に受け継がれてゆく。

鎌倉時代の後期、散楽は寺社で演じられて、猿楽《さるがく》と呼ばれた。散楽にさらに演劇的な要素が加わって、これが能の原典となる。この頃の猿楽は、曲芸に奇術に、派手な舞踊に、お笑い風刺劇に、舞踊劇、つまり演芸大会みたいなものだった。その中で舞踊劇にストーリーが求められるようになり、役者も演技力が求められてゆく。

《観阿弥と世阿弥》

能を大成させたのは、観阿弥《かんあみ》、世阿弥《ぜあみ》の父子。彼らが室町幕府の三代将軍、足利義満の庇護を受ける。つまり将軍様がスポンサーになった。

世阿弥は、観阿弥の芸風は、将軍から庶民まで誰が見ても面白いものであったと言っている。

世阿弥は、義満の庇護を受けたことで、あらゆる古典文学を学んだ。世阿弥の作品は「伊勢物語」「源氏物語」などを題材にしたものも多くある。やがて夢幻能《むげんのう》という様式を練り上げ、序破急《じょはきゅう》の構成など理論的に体系化し、今日の能の原型を形成した。世阿弥は「風姿花伝」を著し、能という芸能とはどのようなものであるかを記した。

義満、その次の将軍、義持にかわいがられた世阿弥だが、六代将軍の義教には嫌われ、とうとう世阿弥は佐渡ヶ島に流された。権力の庇護を受けていた者が、権力者が代わったことで、排斥された。優れた芸術家だって、気に入らなければ容赦はない。これが権力の怖さであろう。

世阿弥没後、能は大衆志向をめざし、わかりやすい作品に傾く。劇的なストーリーときらびやかな衣装を用い、派手で面白い風流能で人気を呼んだ。

江戸時代は幕府の式楽となり、武家政権の庇護のもと、外向きな創造は行われず、限られた演目を洗練してゆく。そして、今日の古典芸能として芸術性の高い能となってゆくのである。

能は舞台こそシンプルだが、衣装や面など、奥深く、芸術的な価値も高い。衣装や面、鼓などの楽器を含めた、総合芸術である。

《能の死生観》

「人は死んだらどうなるのか」というのは誰でも興味がある題材で、この世に未練を残し、成仏出来ない者もいる。それが幽霊や妖怪となる場合もあった。世阿弥はそれをテーマに多くの作品を作った。

能の構成には、シテ、ワキ、ツレなどの登場人物がいて、基本的にシテ(いわゆる主人公)の独演であり、ワキなどは見物人の代表という位置付になっている。「謡」(声楽)と「囃子」(鼓や笛)で舞う舞踊劇で、登場人物が面《おもて》と呼ばれる仮面をつけるのは人物をより深く表現する演出の一つ。

ワキは僧侶だったり旅人だったり。時に状況説明のためにツレが登場する。ツレは村人が多い。ツレから話を聞いたワキは、シテに会う。シテはたいていこの世の者ではない。この世に未練を残して死んだ幽霊(たとえば恋人より先に死んでしまった、子供が死んで狂い死にした、誰かに殺されたなど)だったり、死に切れずに妖怪になっていたりする。ワキが話を聞き、無念の気持ちをシテが舞う。一通り言いたいことを言って満足したり、ワキが僧侶で供養してくれたりして、シテは成仏する。あるいはシテが妖怪だと、ワキと戦ったりもする。こういうストーリーが多い。歴史もので、幽霊の出て来ないものもある。

《狂言》

狂言は能と同じく室町時代に成立し、能と一緒に上演され、能と同様に今日も古典芸能として継承されている。散楽から発展し、能は歌舞劇、科白による寸劇が狂言で、観阿弥・世阿弥の頃より能の座に吸収され、盛衰を繰り広げながら今日まで続く。主に滑稽を描く演目となっている。能が主に死生観がテーマなのに対し、狂言は「人間がより人間らしくふるまう」ところに滑稽を見出す。たとえば欲だ。甘いものが食いたい、酒が飲みたい、美女と浮気がしたい。人間の心の奥底にあるおもしろおかしい感情を鋭く描いた人間喜劇だ。狂言は人間の心の奥、現実的な人間の心理の奥のおそろしさを笑いで描いた。

歌舞伎

歌舞伎は、「歌」は音楽、「舞」は舞踊、「伎」が演技。ようするに江戸時代から続いているミュージカルだ。題材は歴史劇だったり、世話物（江戸時代の現代劇、ホームドラマ）だったりする。スーパーヒーローが出て来てカッコよかったり、男女の恋愛や、戦いの無常などもテーマとして描かれる。衣装や舞台装置もきらびやか、豪華絢爛である。

《歌舞伎の歴史》

よく歌舞伎には四百年の歴史があると言われている。ところが現代の歌舞伎の原型が出来たのは元禄の頃（一七〇〇年頃）で、それまでの百年は、現代の歌舞伎とはずいぶん違うものであった。現在の歌舞伎は男性が演じ、女性の役も女形という形で男性が演じるが、歌舞伎の起こった江戸のはじめは女性が主に演じていた。では成立から元禄までの百年は、歌舞伎はどのようなものであったか？

《売春と歌舞伎の妖しい関係～遊女歌舞伎・若衆歌舞伎》

一六〇三年、出雲《いずも》の阿国《おくに》が京都の四条河原での念仏踊りを行った。これが「かぶき踊り」と呼ばれ、歌舞伎のはじまりと言われている。阿国の成功に呼応するかのように、全国で女性の演じる舞踊が流行した。それらは遊女歌舞伎と呼ばれた。遊女というから売春のともなう芸能だった。立派な舞台もなく、役者の中心は女性、内容も歴史劇でなくお笑いが中心だった。

しかし、江戸時代においても、一般的な売春は違法だった。遊女歌舞伎は一六二九年（寛永六年）、風紀を乱すとの理由で幕府により禁止される。歌舞伎の原点は、今日の高級な古典芸能とは違う、かなりいかがわしいものだった。

遊女歌舞伎が姿を消すのと同時に登場したのが若衆歌舞伎。遊女に代わって若衆、つまり前髪の美少年たちが舞台に登場した。美少年の売春が行われていた。ＢＬね。女が駄目なら男？　江戸時代が性に寛容だったというわけではなく、ＢＬがこの時代は、武士階級などでわりと一般的な性生活の一部であった。男子だから。きらびやかな踊りだけでなく、それこそアクロバット的なものも見せたりしていたらしい。若衆歌舞伎は一六五二年（承応元年）に、やはり風紀を乱すとの理由で禁止された。

《演劇的な歌舞伎へ～野郎歌舞伎の登場》

とうとう歌舞伎の上演が禁止されてしまう。しかし、売春とは別に、芸能としての歌舞伎の公演はすでに世の中に定着していた。庶民の多くが歌舞伎を芸能として楽しみにしていたため、歌舞伎公演そのものを禁止してしまうことは出来なかった。そこで、制限付きでの上演が許可された。若衆(美少年)を舞台に上げないこと、「物真似狂言尽《ものまねきょうげんづくし》」を上演することの二点だ。

「物真似狂言尽」とは舞踊でなく、よりドラマチックな演劇的な内容のあるもののことだ。舞踊やコントから、ドラマ性の高い歴史劇や恋愛劇などの「演劇」が主となってくる。役者は全員前髪を落として野郎頭になった。いわゆる、ちょん髷ね。この野郎頭からこの時期、承応から元禄の前までの約二十年の歌舞伎が野郎歌舞伎と呼ばれた。

その間に、立役、敵役、道化などの役柄の分化が確立し、男性の役者が女性の役を演じる女形も含め演技の形の基本が作られていった。勿論、ＢＬがまったく行われなかったわけではないが、歌舞伎が演劇的に飛躍的な発展をするのが野郎歌舞伎の時期である。

《東西の名優、荒事と和事～団十郎と藤十郎》

元禄時代(一六八八～一七〇三)は東西で歌舞伎が開花した。

まず関東(江戸)。江戸は武士の街であるから、武士を主人公にした話が人気となる。豪傑が登場して、妖怪退治とかする話。いわゆるヒーローもの。荒事《あらごと》と呼ばれた。初代市川団十郎が活躍した。

関西。大坂を中心に上方文化が開花するのが元禄時代。関西は恋愛をテーマにした物語が人気を呼ぶ。元禄期から女性のお客も増えてくる。メロドラマは女性に好まれた。和事《わごと》(やつしごと)と呼ばれた。役者は初代坂田藤十郎で、作者は近松門左衛門。主に禁断の恋。お嬢様と丁稚、若旦那と遊女の純愛、不倫など禁断の恋、恋は障害があると燃える。

《歌舞伎はお江戸のファッションリーダー》

江戸後期になると、富裕町人が増え、文化、娯楽がおおいに開花する。中でも人気を集めたのは歌舞伎である。

江戸時代は、印刷技術が発達した。錦絵という、版画でカラー印刷が出来るようになる。錦絵は役者絵が人気、他にも歌舞伎の名場面を見せたり、歌舞伎のストーリーや名科白を解説する本が発刊された。だから、江戸時代は歌舞伎を見たことのない人も、ストーリーや名科白を知っていた。テレビもラジオもネットもない時代に、歌舞伎の名科白が流行語になったりもしていた。

舞台美術に関しても、登場に花道を使う独特の演出がある。まわり舞台をはじめて用いたのも歌舞伎。舞台の裏側に別の装置を用意し、舞台をくるりとまわすことで、場面転換をスムーズに行う。十八世紀の歌舞伎作者、並木正三が考案した。

歌舞伎の音楽に長唄を用いたのも十八世紀後半で、長唄を用いることで、より派手な舞踊劇が出来るようになった。能の「道成寺」の踊りをさらにエキサイティングにしたのが歌舞伎の「京鹿子娘道成寺」である。

《円熟時代の歌舞伎～四世鶴屋南北》

江戸も後期になると、歌舞伎もヒーローものや純愛の恋愛だけではあきたらなくなる。ヒーローものでも、たとえば、蝦蟇の妖術を使って天下を狙う大悪党の天竺徳兵衛なんていう、悪のヒーローが活躍する。

恋愛ものでは「桜姫東文章」、かつてBLの関係だった清玄と白菊丸。白菊丸が死んで生まれ変わった桜姫に、清玄がストーカーする。そして、桜姫は権太という男に強姦されて、女郎に零落する。BLから転生から、現代の物語かと思わせるようなストーリーだ。ただの不倫くらいじゃ済まない。物語が過激で波乱万丈になって来る。しかも徹底的なリアリズム、桜姫が零落して堕ちた淫売宿など、それまでのきらびやかな吉原などではない、貧乏淫売宿を再現、その中で、人間の深層までも描き出す。

そんな話を作っていたのが四世鶴屋南北。代表作は、「東海道四谷怪談」。主人公、伊右衛門は、自分の出世を願いお嬢様との結婚ために、女房に毒を飲ませたり、仲間を次々に裏切ってゆく。果てしなき人間の欲望や、人間の内面のドロドロした部分を強調してゆき、それがおおいに受けた。

《近代の歌舞伎》

明治時代になり、歌舞伎も西洋化の波が押し寄せた。明治政府の意向に従い、男女のドロドロした生世話物《きぜわもの》は敬遠され、歴史の英雄を描く活歴ものが上演されたり、明治時代を舞台にした散切り物が上演された。九代目市川団十郎や、五代目尾上菊五郎らの役者に、作者は河竹黙阿弥、仮名垣魯文らがいた。しかし、活歴ものや散切り物は当時の一般大衆には受けなかった。

黙阿弥は、河竹新七という名で「三人吉三」「白浪五人男」など世話物を得意としていたが、活歴ものや散切り物を書くのが嫌になり、引退して黙阿弥を名乗った。しかし、黙阿弥となってから「河内山と直侍」「魚屋宗五郎」など世話物の名作を残している。

やがて団十郎は活歴ものに疲れ、もともとの歌舞伎の上演に舵を切り替えた。以後歌舞伎は、江戸の作品を上演し、古典への道を歩むこととなる。

《前進座など戦前の現代歌舞伎》

一九三一年、歌舞伎が骨董化してゆくことを防ぐには、新しい演劇の創造と、門閥の打破であると、河原崎長十郎、中村翫右衛門らは前進座を結成した。前進座は歌舞伎をベースに新しい演劇に次々に挑んだ。歌舞伎でも女形が出る事もあれば女優が出る事もある。また、歌舞伎、時代劇、現代劇、児童劇となんでもこなすマルチ演劇集団として、前進座は活動する。

二世市川猿之助は、小山内薫らの自由劇場参加後、欧米に留学、その後は新しい歌舞伎をめざし、真山青果の新作や喜劇作品も多く手掛けた。その意志は、三世猿之助へと受け継がれ、スーパー歌舞伎を生む礎となった。

《GHQの検閲、歌舞伎危うし》

太平洋戦争が終わり、GHQ(占領軍)は日本から封建的なもの、人種差別、民族差別、女性差別、搾取などを一掃することを考え、それらが描かれている芸能を規制しようと考えた。まっさきに槍玉に挙げられたのは歌舞伎である。

それでも「芝居をやらないのは日本の演劇人の恥だ」と二世猿之助が焼け残っていた東京劇場において歌舞伎の幕を開けた。続けと帝劇で菊五郎劇団による舞踊劇「鏡獅子」を上演した。GHQの顔色をうかがいつつの上演だった。しかし、とうとう歌舞伎廃止もありうることが通告される。だが、結局、歌舞伎が廃止されることにはならなかった。「仮名手本忠臣蔵」も上演された。「ハムレット」だって復讐劇だが、それで復讐を肯定しているわけではない。むしろGHQは伝統芸能に対して寛容であった。

《昭和の歌舞伎革命児たち》

歌舞伎も一時は観客が減少した時期もあったが、一九八〇年代には、十二世市川団十郎襲名などで話題を呼び、その頃の坂東玉三郎、片岡孝夫(現・仁左衛門)の人気で盛り返した。

旧態以前の歌舞伎からの打破で新しい観客を呼び込もうとしたのが、三世市川猿之助のスーパー歌舞伎、ケレンを軸にした新しい歌舞伎を創造した。

また、十八世中村勘三郎は、野田秀樹や串田和美、宮藤官九郎ら人気脚本家と組み、歌舞伎座の八月公演やコクーン歌舞伎（渋谷のコクーン劇場）、平成中村座などの公演を成功させ、新しい歌舞伎ファンを呼び込んだ。

平成を経て令和の現代も、古典を継承しつつ、エンタメの姿勢を失わず、またたえず様式美にのっとって確実なファン層を掴み、歌舞伎は健在である。

近代の演劇

日露戦争後の日本において、文化の遅れが指摘されはじめる。欧化、新しい演劇が求められた。新劇の登場である。

《新劇のはじまり》

一九〇六年（明治三十九年）、島村抱月、坪内逍遥らは文芸協会を設立し、演劇の改良、改善を試みた。演劇は作家ばかりでは駄目で、俳優が必要であると、日本初の俳優養成所を設立、上山草人、松井須磨子、沢田正二郎らにより、帝劇で「ハムレット」（松井須磨子のオフェーリア）を上演した。日本の新劇は演劇の欧化をめざす文学者たちと、素人の役者たちによってスタートした。文芸協会は一九一二年に解散、抱月と須磨子の恋愛問題が原因であった。

文芸協会と別の流れが自由劇場である。歌舞伎役者の二世市川左団次、演出家の小山内薫らで、一九〇九年に発足。「ジョン・ガブリエル・ボルクマン」(左団次の主演で、イプセン・作、森鷗外・訳)、「どん底」(ゴーリキー・作)を上演、女優がいないため歌舞伎の女形が出演したが、リアリズム演劇をめざし戯曲と演出の主体に力を入れた。自由劇場は十年続いた。一九一二年、「新劇」という言葉が朝日新聞の劇評で用いられ、小山内薫は日本ではじめて「演出」という言葉を用いた。まさに新劇時代、演劇近代化の幕開けであった。

自由劇場で小山内の演出助手だった土方与志はヨーロッパへ留学したが、関東大震災の報を聞き帰国、自費を投じて築地に客席数四百の小劇場を建てた。築地小劇場である。土方は非商業的、戯曲のための劇場ではなく演劇のための劇場という趣旨を掲げた。

築地小劇場はその後、内部対立。社会主義運動派と研究派に分かれ、一九二八年、土方、丸山定夫、山本安英、細川ちか子らは新築地劇団を設立、「西部戦線異常なし」(レマルク・作)、「蟹工船」(小林多喜二・作)などを上演した。

《オッペケペーだ、壮士芝居~新派の元祖》

新しい演劇の動きは、欧化だけではない。政治的な運動から起こった新しい演劇もあった。

一八八九年、川上音二郎・貞奴夫妻は、壮士芝居をはじめる。政治運動から大衆芝居を掲げ、芝居の幕間で音二郎が演じたオッペケペー節が人気を呼んだ。音二郎は劇場を作り、アメリカ公演をし、選挙に出たり、波乱の人生を送る。一方、音二郎、貞奴も女優を育成したり、演劇界への貢献は大きい。

一方、各地で起こった壮士芝居は離合集散を繰り返し、政治劇だけではなく、実話や小説を脚色した探偵劇や家庭小説を脚色した家庭劇が上演されるようになる。「金色夜叉」(尾崎紅葉・作)や「不如帰」(徳富盧花・作)などで、これがのちの新派大悲劇と呼ばれる作品の原典となる。

《帝国劇場》

日露戦争で勝利した日本は、一応は欧米と肩を並べることとなり、海外の要人も多く訪れるようになり、ホテルなどの建設が急務になるが、外国人に見せても恥ずかしくない劇場も必要になった。そこで、一九一一年、皇居の濠端にフランス風白煉瓦作り地上四階地下一階、客席数千七百すべて椅子席の帝国劇場が建設された。芸術監督となった益田太郎は財閥の子息で、留学経験もあるが、勉強なんかしないでムーランルージュに通っていた。益田太郎冠者のペンネームで喜劇や落語の台本を書く。

太郎冠者は、歌舞伎から六世尾上梅幸を引き抜き、女優を養成し五十八人を世に送り、独自の管弦楽団を作った。帝劇の自主公演は歌舞伎二、帝劇女優劇(女優を出演させた現代劇)一、益田太郎冠者は現代劇の作家、演出家として活躍、「ふた面」「女天下」「唖旅行」などを書いた。

しかし、これを見た小山内薫は「国辱もの」と激怒した。小山内と太郎冠者は同じ明治から大正の演劇指導者だが、シェイクスピアやイプセンらの戯曲を研究した小山内と、ムーランルージュに通った太郎冠者の演劇に対する考えの違いが面白い。

《沢田正二郎と新国劇》

一九一七年、文芸協会出身の沢田正次郎は、大衆的な演劇をめざす方向で新国劇を結成した。「月形半平太」「国定忠治」(行友李風・作)など立ち回りが売り物の芝居で人気を呼ぶ。「剣劇の神様」と呼ばれた沢田だが、「立ち回りばかりで、芝居を見てくれない」というのが悩みだった。だが、「大菩薩峠」(中里介山・作)のヒットで、新国劇は剣劇の最高峰として評価され、以後、文学の世界でも剣劇小説が大流行する。目標としたのは、芸術と大衆の融合。

新国劇で活躍した作家に長谷川伸がいる。講談小説家から新国劇の脚本へ。「沓掛時次郎」で人気を得る。代表作「瞼の母」「一本刀土俵入り」「暗闇の丑松」など、大衆文芸と時代劇世話物脚本で、時代劇の原型的物語を多く創作した。

沢田の死後は、辰巳柳太郎、島田正吾が新国劇を引き継いだ。一九八七年解散。

《浅草オペラ》

演劇の欧化は新劇ばかりではない。ヨーロッパでは音楽劇であるオペラが人気だった。帝国劇場では早速、歌劇部が作られ日本版のオペラが上演されたが、すぐに頓挫した。

行き場を失ったオペラ役者たちに手を差し伸べたのが、浅草の根岸興行部だった。常盤座で日本風にアレンジしたオペラ公演を行い、人気を呼ぶ。浅草オペラの幕開きである。田谷力三、清水金太郎、二村定一らが活躍。榎本健一はここで初舞台を踏む。

浅草オペラは、欧風なものに興味を持つインテリ青年たちに受け、そうした青年たちをさすペラゴロなる言葉も生んだ。ペラゴロの青年たちの中には、川端康成、サトウ・ハチロー、宮沢賢治らもいた。関東大震災で幕を閉じる。

《宝塚歌劇団と松竹歌劇団》

一九一三年、箕面有馬電気軌道鉄道(のちの阪急)の創業者、小林一三が宝塚温泉への客寄せとしてはじめたのが宝塚歌唱隊である。歌唱隊は少女たちに歌を歌わせることとし、同年に宝塚少女歌唱養成隊に改称した。公演日には一日千人を集める人気。一九一九年、宝塚音楽歌劇学校を設立、歌劇養成隊も宝塚少女歌劇団として発足、一九二四年には宝塚大劇場が作られた。宝塚の魅力は女性が演じることにあり、当初は内容もファミリー向けであった。やがてそこには、女性特有の人生のテーマとも言うべき、「愛」や「正義」が高らかに歌われることで、男性客よりもむしろ、そこに共感する女性客の心を掴んでいった。結成から現在まで、日本の大衆的ミュージカルの一翼を担い、その地位を築き上げている。

一九二三年、松竹は大阪にて松竹楽劇部を作り、少女歌劇に参戦した。大阪松竹座を本拠に、はじめは花柳界の「都をどり」「浪花をどり」を真似た日舞中心の「春のおどり」を公演したが、宝塚を真似て、洋舞も取り入れ人気を得ていった。一九二八年、東京松竹楽劇部を作り東京進出を果たし、一九三四年、大阪松竹少女歌劇団(ＯＳＫ)と改称、戦時中も公演を続けた。

一方の東京松竹楽劇部は、東洋一と言われた浅草・国際劇場を根城とし、十五間の舞台に並ぶラインダンスなどで人気を呼んだ。戦後は東京名物として、観光客などに受けていたが、一九八三年、国際劇場が閉鎖されると活動を縮小した。戦前戦後にレビューは大いに人気であったが、大がかりな舞台には莫大な経費が掛かるため、多少でも人気が落ちれば維持できなくなる。巨大な芸能の難点というのもあるのだろう。

《喜劇の歴史~エノケンとロッパ》

一九二七年、浅草、榎本健一《エノケン》は水族館の二階でカジノフォーリーを立ち上げる。これが浅草喜劇の出発点である。「エロチズムと、ナンセンスと、スピイドと、時事漫談風なユウモアと、ジャズ・ソングと女の足」と川端康成が新聞連載小説「浅草紅団」で書いた。

一方、古川緑波《ロッパ》は常盤座で「笑の王国」を旗揚げした。緑波はその後、丸の内に進出する。やがて丸の内に進出したエノケン、ロッパは鎬を削り、落語家から俳優に転じ吉本興業部にいた柳家金語楼と、日本の三大喜劇人として活躍する。

演劇、戦後から平成までの流れ

《戦後の新劇》

戦後、土方与志が出獄、新劇は新たな活動を開始する。一九四五年(昭和二十年)十二月には合同公演で、新劇人が結集し有楽座で「桜の園」を公演した。やがて、レッドパージで土方らが退き、新劇は戦前同様、個々の劇団で独自の活動を展開することとなる。

俳優座は千田是也を中心に、政治から遠のきアカデミズムをめざし、モリエールなどの作品を上演した。文学座は作家の岸田國士、俳優の杉村春子らを中心に戦前からも政治的な動きには触れずに活動、戦後もそのままの体制で活動を続けた。その後、福田恆存や三島由紀夫が作家として参加した。

新築地小劇場の再建は難航し、久保栄らは東京芸術劇場を作り、そこからさらに民衆芸術劇場(のちの民芸)が分裂した。民芸には滝沢修、宇野重吉、細川ちか子らが参加した。また、山本安英はぶどうの会を作り、木下順二・作の「夕鶴」を上演し注目を集めた。

俳優座、文学座、民芸が戦後の新劇をリードする三大劇団となり、他にも文化座、青俳など全国に千を越える劇団が登場する。昭和三十年代になると、新劇は俳優座、文学座、民芸などの職業劇団のほか、各職場における勤労者たちの演劇活動も盛んになる。また、労演(労働者演劇団体)のような勤労者のための演劇鑑賞団体も精力的に活動し、職業劇団の活動の場となってゆく。

新劇はたえずリアルな演技を追求してきたため、映画全盛期に多くの脇役俳優を新劇から借り、またテレビ創生期も多くの俳優が出演、全国公演の一方、平幹二朗、加藤剛ら、テレビドラマに主演し、お茶の間の人気者となる俳優も多くいた。

《アングラ演劇の時代～演劇は劇場を捨てた》

昭和四十年代はアングラ演劇という新しいジャンルが登場する。アングラ演劇は、いわゆる新劇に対するアンチテーゼとして登場する。安保闘争などを経てより過激な左翼思想を背景とした演劇や、政治思想とは関係なく人間探求や芸術探求を行ったり、あるいは従来の喜劇とは異なるお笑いを求めたりするものとさまざまであった。

代表的な活動として、唐十郎らの状況劇場がある。新宿、花園神社に紅テントを設置し公演したのは、新劇へのアンチテーゼどころか、劇場へのアンチテーゼであった。その後、新宿西口公園で公演するが、無許可であったため機動隊に包囲されての公演となり、公演終了後、唐らは逮捕される。機動隊に包囲されて芝居を見るアングラ気質はおおいに喜ばれた。

寺山修司らは天井桟敷を旗揚げ。寺山修司・作、演出の「青森県のせむし男」「毛皮のマリー」などを上演する。寺山は一九七五年(昭和五十年)四月二十日に杉並区あたり一帯を劇場にした「ノック」を上演、騒ぎになり、警察も出動した。アングラは人騒がせである。他にも、鈴木忠志らの早稲田小劇場、佐藤信の黒テントなどが活躍した。

《アングラから小劇場へ～つかこうへい、野田秀樹、お笑い系劇団》

一九七四年、つかこうへいは、三浦洋一、平田満、風間杜夫ら仲間とつかこうへい劇団をはじめ、「熱海殺人事件」（つか・作、演出）などが人気を呼び、演劇ブームを起こした。つか以降をアングラ演劇の第三世代という。

野田秀樹は一九七六年、夢の遊眠社を結成、言葉遊びと、肉体の極限追求で人気を呼んだ。大劇場に移るまでの数年間は東京大学に近い駒場小劇場などで公演は行われた。第三世代はこうした小劇場を利用したために、以降の演劇は俗に小劇場演劇と呼ばれる。

つかと同世代で、演劇のやり方に模索しているグループもあまたあった。彼らの行き着いた先は喜劇、お笑い系の演劇だった。代表的なものに、柄本明らの東京乾電池、佐藤B作らの東京ヴォードヴィルショーがある。

東京乾電池は不条理喜劇で人気を呼んだ。おりからの漫才ブームで、高田純次らはお笑いタレントとしても活躍する。東京ヴォードヴィルショーは、毎回全身全霊とも言える体をぶつけた熱演が大爆笑を生んでいた。東京乾電池、東京ヴォードヴィルショーの人気から、以降の小劇場の中には、お笑い志向の劇団も増えた。観客も、笑いという娯楽が演劇を楽しむ上でのキーワードとなり、不条理喜劇や凝ったジョークを笑えることにインテリジェスな要素を求めていたのかもしれない。

一九八二年、下北沢に本多劇場がオープンし、スズナリ、駅前劇場で、夢の遊眠社や第三舞台、寺山系の小劇団が次々に公演を行ったところから、下北沢周辺が小劇場演劇のメッカとなった。新しい小劇団は、スズナリから徐々に客を増やし、本多劇場に進出し、それから大劇場へという、小劇場すごろく的な夢を描いた。

その後も、三谷幸喜らの東京サンシャインボーズや、歌舞伎を小劇場で演じ本来の歌舞伎の面白さを再発見した加納幸和らの花組芝居などが活躍。他にもさまざまな劇団が活躍し、小劇場から大劇場に進出したり、テレビなどで活躍する役者も大勢輩出する。三谷や宮藤官九郎のようにテレビドラマや映画の脚本、監督を手掛ける者も出て来る。

《商業演劇、ミュージカル》

松竹、東宝など劇場を所有している興行会社が主催、帝劇、宝塚劇場、新橋演舞場、コマ劇場などで公演を行っている芝居を商業演劇という。

商業演劇の基本は、人気俳優を主演とし観客を集めるやり方で、映画スターだった女優や時代劇スターによる人気時代劇の舞台版、演歌歌手による歌謡ショーと演劇や、新派、松竹新喜劇などの公演のほか、最近では三谷幸喜グループら小劇場の進出や、アイドルを主演にしたものなどがある。

アングラ演劇全盛の昭和五十年代に俳優から商業演劇の演出家に転じたのが蜷川幸雄だ。蜷川はシェイクスピア、チェーホフ、近松門左衛門、清水邦夫らの戯曲を、演歌やロックなどの音楽を用い、また人気アイドルなどを俳優として起用し独持の世界観を作り出し商業演劇として成功させた。

劇団四季は当初は新劇の一劇団として公演を行っていた。一九七九年、ブロードウェイミュージカルの「コーラスライン」を成功させて以降、ミュージカル路線に転向する。以後、「キャッツ」「オペラ座の怪人」「エビータ」などブロードウエイやウエストエンドでヒットのミュージカルを上演し人気を博してゆく。劇団四季はＪＲの車庫の跡地などに劇場を建設し、「キャッツ」「ライオンキング」「リトルマーメード」などのロングラン公演を次々に成功させている。

劇団四季に限らず、東宝も帝劇や日生劇場で、八〇年代後半より「レ・ミゼラブル」「ミス・サイゴン」などのブロードウエイミュージカルのロングラン公演を行い、人気を呼んでいる。宝塚も相変わらずの人気で、ミュージカルもまた演劇の重要なジャンルの一つである。

二　日本音楽史

日本人はもともと歌が大好きだった。

嬉しいにつけ、悲しいにつけ、歌が隣にいた。いまもカラオケは人気だし、ふと歌を口ずさんでしまうこともあるだろう。

だが、なんとなく、人前で歌うのは恥ずかしかったりもする。そんなことはないんだよ、下手でも大きな声で歌えばいいんだ。いつから、歌うことを恥ずかしがるようになったんだろう。

人は何故歌を歌うのかを、日本音楽の歴史、奈良時代からカラオケまで、一気に解説する。

奈良時代、中国から来た音楽

いま、私たちはロックとかカントリーとかジャズとか、洋楽を普通に聞いて歌っている。なんで？　ノリがいいから？　カッコイイから？

奈良時代。音楽は中国からやって来た。中国の音楽が、日本音楽のまず主流となる。奈良時代は中国から、政治や文化やいろんなものを学んでいた。

《雅楽《ががく》》

今も宮内庁に雅楽部がある。雅楽の演奏家は国家公務員。楽器は、篳篥《ひちりき》、笙《しょう》、竜笛《りゅうてき》、楽琵琶《がくびわ》、楽箏《がくごと》、太鼓、鉦鼓など。

西アジアからシルクロード経由で北満州へ、そこから朝鮮半島経由で渡来した高麗楽、三国楽、中国から直接渡来した唐楽がある。これらは奈良時代から平安時代の前期に、主に宮中や寺院で演奏された。寺院で演奏されたものは、庶民の一部は聞くことも出来たろう。

演奏者は渡来人が多かった。中国や朝鮮の人だけでなく、アジア混成楽団みたいな集団で、それぞれの国の特徴のあるいろんな曲が演奏されていたそうだ。その頃の楽器は、正倉院に残っている。

今もロックやジャズの人気と同じように、昔も海外の流行のものに飛びついた。その時代は中国が最先端で、外国の最新の音楽は、昔も今もカッコよかった。

平安時代中頃になると、中国が流行らなくなる。遣唐使が廃止されて、その頃になると、中国に学ぶよりも日本のオリジナルが求められるようになる。

下級貴族で音楽に秀でた人たちが楽士として登用され、日本の宮廷楽士が活躍し、オリジナル曲も作られた。この時代の下級貴族たちが世襲で、以後、鎌倉、室町、江戸から、現代まで受け継がれている。

ロックやジャズを日本人が歌って、やがてJポップが出来て人気になる。それと同じで、日本人はアレンジしてオリジナルを作り出すことに長けている。

《庶民の音楽、平家琵琶》

百人一首で、蝉丸が琵琶を弾いている画を見たことがあるだろう。蝉丸は天皇の子供だったという説もあるが、盲目の下級貴族で、琵琶の達人だった。「今昔物語」で語られている。

蝉丸のような楽器のうまい下級貴族から、演奏技法を学んだ職業演奏家が生まれる。

鎌倉時代は源平合戦の悲哀を歌う平曲(平家琵琶)が流行する。平家物語を語る琵琶演奏家だ。主に盲僧(目の不自由な僧侶)が琵琶を演奏し、銭を得た。僧侶というよりは、僧の衣装をまとった芸能者になる。

ラフカディオ・ハーンの「耳なし芳一」、主人公の芳一は寺に住んでいる若い僧侶で琵琶の名人だった。その琵琶の腕が世間に認められ、大名のお抱えになり寺を離れ、大名や金持ちのお座敷や盛り場で演奏もしていた。職業琵琶演奏家である。

《傀儡《くぐつ》》

渡来人の音楽家の中には、宮中の演奏家になる道を選ばなかった者たちがいた。彼らは流浪の民となり、狩猟などを業とした。各地を放浪し、村に来ては芸能で人を集め、山で採れた毛皮や薬草、工芸品なんかを販売する。芸能は歌や踊りもあり、また傀儡と呼ばれる人形劇なんかも見せた。彼らもまた、初期の職業芸能者だ。

一方、村では収穫を神に感謝する、田楽などの芸能も生まれる。田楽の演劇的な部分が能になり、村に残った労働歌、生活歌が歌い継がれたものが民謡になった。

江戸の流行歌

《三味線のはじまり》

三味線は安土桃山時代に沖縄から伝わった。沖縄の三線《さんしん》が来たのだ。蛇の皮のヤツ。その時に楽器だけが来て、演奏方法は伝わらなかった。それが日本音楽に幸いした。演奏家や演奏方法が来ていたら、その後の日本の庶民の音楽は全部、沖縄民謡になっていた。

これはどうやって弾くんだ？　という工夫から江戸の音楽は生まれた。あと日本には蛇があんまりいなかった。そこで蛇の皮でなく、猫や犬の皮を用いた。三味線が流行することで、日本の庶民音楽は飛躍的に発展する。

江戸時代、流行した音曲は大きくわけて二つになる。「歌」と「語り」。歌は流行歌《はやりうた》。民謡なんかが原点で都会風にアレンジされたもの、地歌（盲人などの職業演奏家による箏、三味線、尺八による音楽）が変形して、恋の歌を歌ったり、端唄、小唄として花柳界で歌われたものが一般にも流行する。

《長唄》

三味線は歌舞伎とも早くから結びつき、遊女歌舞伎の時代から伴奏楽器として登場した。遊女歌舞伎では役者が三味線を演奏したが、若衆歌舞伎の時代になると、役者と演奏者の役割が分化する。野郎歌舞伎から元禄歌舞伎の時代に、幕間の舞踊や、役者の登場時の音楽などが演奏され、歌舞伎における三味線音楽は飛躍的に発展し、やがて長唄が登場する。

長唄ははじめは上方の盲人音楽、地歌の影響を受け上方歌舞伎に取り入れられ、享保の頃（一七一六〜三五）、江戸に下り、それまでの江戸の三味線音楽と合体する。

それまでの江戸の曲は二上がりの陽気で軽快なもので、上方から来た三下がりの優雅な曲調とうまく融合し、長唄として確立、歌舞伎の音楽の重要な一端を担うこととなる。

《人形浄瑠璃、義太夫》

人形を用いた芸能は中央アジアに起こり、シルクロードを経て、中国、朝鮮半島から、日本に伝来した。傀儡などが諸国の農村をまわっていた。室町中期、琵琶法師の平家琵琶の語りによる牛若丸と浄瑠璃のラブロマンスを綴った「浄瑠璃十二段草紙」という語り物が流行した。この語りの節調が浄瑠璃姫の名をとって浄瑠璃と呼ばれた。やがて、三味線が登場すると、浄瑠璃が三味線と結びついた。さらに浄瑠璃と西宮の夷昇《えびすかき》という人形遣いとが結びつき、京・五条橋のたもとに芝居小屋を建てて上演した。人形浄瑠璃の登場である。人形と浄瑠璃が結びついたことで、演劇的要素の強い人形芝居が確立した。

人形浄瑠璃が現在に近い形になるのは、一六八四年(貞享元年)、竹本義太夫が大坂戎橋南詰に竹本座を建てたことによる。義太夫が編み出した浄瑠璃を義太夫節と言い、以後、人形浄瑠璃の伴奏曲と言えば義太夫節で、「義太夫は音曲の司」とも言われている。義太夫節の特徴は、歌うのではなく語るところにある。人形劇の語りを担当することが目的であるため、明瞭なわかりやすい語りが求められた。

義太夫はそれまでの仏教説話や、荒唐無稽な物語を止め、リアルでドラマチックな浄瑠璃を語り人気を博す。物語が大坂の商家や庶民生活が舞台になっているため、言葉は上方の町人言葉(いわゆる大坂弁)が基本となった。また言葉を超えた表現にも工夫がなされた。道徳とか社会制度とかいろんな柵《しがらみ》の中、夫婦や恋人や親子といったいろんな「情」が描かれ、そうした機微が巧みに演奏されることが人気に繋がった。三味線のほかにも、箏、胡弓や陰の下座囃子が使用されることもあり、基本は太夫一人、三味線一人であるが、道行《みちゆき》、景事《けいごと》などでは大勢による掛け合いが演奏されることもあり、演劇的な盛り上がりを演出することもあった。

義太夫が飛躍的に人気を得たのは、近松門左衛門の作品によるところが大きい。近松門左衛門は、はじめ浄瑠璃作者となり、のちに歌舞伎の台本も書き、坂田藤十郎の和事の確立に尽力した。近松作品には、「曽根崎心中」など、実際に起こった事件を題材としたものもあり、世話浄瑠璃、心中モノという新しい浄瑠璃の世界を切り開いた。近松作品はいずれも出色で、大坂の庶民たちは「恋を彼岸の架け橋にあの世へ旅立つ男女」をおおいに祝福し、喝采を惜しまなかった。

歌舞伎もまた、浄瑠璃の作品を歌舞伎化し、義太夫の語りで役者が演じる義太夫狂言を演じた。歌舞伎が浄瑠璃の作品を上演することで、より深い人間ドラマを演じていった。近松作品の歌舞伎は大坂、京、江戸の三都で次々に上演された。

近松門左衛門の心中作品の特徴として、実際の事件に取材しているというのがある。曾根崎天神で男女が死んだ。そんな噂話が聞こえる。その話のホントのところはどうだったんだろう。庶民は関心を示す。今日のテレビのワイドショーが人気があるのも、まさにそこである。「あの曾根崎の事件が浄瑠璃になるらしい」、そんな話を聞けば、庶民はこぞって芝居小屋に駆けつける。昔も今も、芸能はその時々の話題をいかに取り上げるかが重要である。

近松以降も多くの作家が登場、竹田出雲、三好松洛、並木千柳の合作に「義経千本桜」「菅原伝授手習鑑」「仮名手本忠臣蔵」があり、三大浄瑠璃とも言われ、人形劇、歌舞伎で度々上演されている。

《素浄瑠璃の人気》

上方では義太夫が人気であったが、その人気は江戸にも伝わって来る。

本来人形劇の伴奏音楽であった義太夫だが、音楽性に優れていたため、人形劇から独立した素浄瑠璃も語られるようになる。職業演奏家だけでなく、素人がこぞって真似て、素人義太夫が享保の頃にはおおいに人気を呼んだ。

人形浄瑠璃と違い素浄瑠璃は見て楽しむというより、やって楽しむもの。日本人は本来、歌が好きで、聞いているうちに、ふと口ずさむ。口から出れば、うまく歌いたくなる。少しうまく歌えたら他人に聞かせたい。おりから江戸後期、富裕町人が多く登場し、金銭や時間にゆとりのある町人や中級武士たちがこぞって浄瑠璃を習った。

富裕町人とは、いわゆる旦那衆だけでなく、建築需要や、工芸品としての家具などが登場した時代で職人たちも金まわりがよかった。若い職人たちの目的は、「女性にモテたい」というのもある。女性にモテる条件は当時、「一見栄、二男、三金、四芸」と言われた。歌の一つも歌えなければ女性にモテなかった。なので、若い男たちもこぞって音曲を習ったのである。

《豊後掾と江戸浄瑠璃》

都一中による「一中節」、宮古路豊後掾の「豊後節」などが江戸に伝わった。豊後節は柔らかな節調で扇情的でもあったため、おおいに人気を博した。とくに悲しい場面でのウレイ節が特徴的で人々の心に響いた。豊後節があまりに人気が出たため、他の江戸の音曲師たちから恨みを買った。誹謗中傷のような噂話を立てられ、また豊後節を聞いて気分が昂じて心中をする男女が増えた。幕府は風紀を乱すとの理由で厳しく取り締まった。豊後掾はやむなく江戸を去り京へ戻った。豊後掾が京へ帰ってしまい、困ったのは江戸の豊後掾の弟子たちだった。その中で加賀大夫は宮古路の名を捨てて富士松薩摩掾を名乗る。新内節の遠祖である。

文字太夫は常磐津を名乗る。常磐津節の開祖である。常磐津節は歌舞伎舞踊の音楽として発展、義太夫節を摂取し柔らかな豊後節から離れて独自の曲調を作ってゆく。小文字大夫は常磐津節から離れ、富本節を創始。富本斎宮太夫が清元延寿太夫を名乗り清元節を創始した。豊後節から分かれた、常磐津節、富本節、清元節の豊後三流が揃う。他に豊後節の流れは、薗八節(のちの宮薗節)、繁太夫節がある。

《女浄瑠璃》

女性がいつ頃から義太夫(浄瑠璃)を語りだしたのか、正確なところはわからないらしい。ただ、享保の頃からぼちぼち、江戸で素人義太夫が流行し出した。そのちょっとあとくらいから、女性でも義太夫の一節でも習ってみようという人はいたのではないか。

「女の義太夫声も男の癪の種」と江戸の風俗の一つとして詠まれている。確かに一般女性が家で義太夫を語っていたら、男はあまり気分のよいものではないかもしれない。のちに女浄瑠璃、娘義太夫が流行するのは、こんな可愛い女の子がものスゴイ声で義太夫を語るという、そこらへんのギャップの魅力でもあるのだろう。

江戸時代における女浄瑠璃の歴史は禁令との追いかけっこのようなものである。遊女歌舞伎が禁止された江戸時代に、女浄瑠璃が舞台に上ることが出来たのは何故か。おそらく最初は女浄瑠璃は職業芸人ではなく、素人浄瑠璃の発表会のような形で舞台に出たのだろう。彼女たちはいわゆる良家の子女だった。そのうちだんだん女浄瑠璃の人気が出て来る。女の芸人が舞台に出るだけで楽しい。やがて、女浄瑠璃が定期的に寄席に出演するようになり、その人気はますます高まってくる。そして、浄瑠璃を語ることを仕事とする女性も出て来る。

そうなると幕府も早々野放しにはしておけない。女性が舞台に上るということは、たとえそこに売春行為がなくとも許してはおけない。女性が表立って活動することが封建社会においては好ましいことではなかった。禁令が出る。とうとう、一八四一年、町奉行の遠山景元は女浄瑠璃三十六人と寄席関係者七人を捕縛した。寄席関係者は追放、女浄瑠璃の太夫たちは手鎖の上、三味線はすべて奉行所の前で焼かれた。これだけ酷い目に遭い、とうとう女浄瑠璃は江戸の街から姿を消す。

女浄瑠璃が娘義太夫として開花するのは明治時代、合法になり人気を呼ぶ。とくに学生が、娘義太夫の追っかけになった。夏目漱石や正岡子規も学生時代にファンだった。いまのアイドルと同じである。

《新内節》

豊後節から常磐津節、富本節、清元節などが創始されたが、もっとも豊後節の特徴を残して哀切の節を伝えたのが新内節である。富士松薩摩掾の門下の鶴賀若狭掾は歌舞伎と結びつくことなく、座敷浄瑠璃の道を歩む。若狭掾は心中事件を題材に、豊後節の特徴である哀切を語るウレイを活かしたクドキで端物(義太夫を元ネタにしない一話完結の物語)を多く作詞、作曲し、独自の道を歩んだ。若狭掾の曲を語ったのが、二世鶴賀新内である。無類の美声であったと言われ、「鶴賀新内が語る節」であるから、以後それに類する富士松、豊島などの節を総称して新内と呼ぶようになった。歌舞伎と結びつかないことで、新内節の特徴が活かされていった。その後も義太夫から物語を借りた段物が多く作られ、女性の新内語りも登場したため、高音を歌う歌い方も工夫された。また三味線を二丁用い、本調子と上調子で新内の特徴がより明瞭化されていった。

新内節は化政期頃から流しを行うようになった。はじめは街屋を流したが、ある時期から吉原などの遊里を流し、お客に呼ばれると座敷に上って一席演奏した。本調子、上調子との二丁の三味線の合奏が遊里に響き、独特の哀愁が漂い、人々の心を打った。

富士松魯中は「明烏後正夢」「東海道中膝栗毛」「不断桜下総土産(佐倉宗吾郎)」など多くの新作を作った。これらの曲には一中節などの節調を取り入れ、新内をより発展させた。魯中は新内中興の祖と呼ばれた。新内節の魅力はクドキで、遊里の女性、不倫の果ての内儀が切々と綴る哀愁が、幕末の世相とも呼応して、市井の人々の心に響いた。

西洋音階への道

明治時代、政府は欧化政策を行った。まずは子供たちを西洋化しようということで、音楽教育をすすめた。色っぽい三味線音楽じゃ駄目で、小学唱歌を作ることにした。学校にはオルガンがあって、先生が弾いて歌う。

ところが、日本にはまだ五線譜を理解している作曲家もいなければ、子供向きの歌を作詞出来る作詞家もいなかった。そこでどうしたか。西洋のわかりやすい曲に、万葉集、古今集などの和歌の言葉を乗せて曲にした。しばらくして滝廉太郎、山田耕筰ら、日本の作曲家が登場する。

《レコードの登場》

レコードが日本に来たのは、明治時代の終わり。一九〇三年にイギリスのグラモフォン&タイプライター社が日本にもスタッフを派遣した。日本のレコード録音をプロデュースしたのは、オーストラリア人の落語家で、初代快楽亭ブラック。いまでいう、日本語がやたらうまい外人タレントの元祖。音楽よりも、落語や、三味線音楽なんかを多く録音した。まだそんなに、西洋音楽が日本で注目されていなかった頃だ。

レコードを再生する蓄音機(プレイヤー)も輸入品で高価だから、富裕層が、家でクラッシクを聞いていた。そのうち、国産の蓄音機が製造される。でもまだ高価。だが国産蓄音器が多く製造されると、食堂とか、喫茶店とか、床屋とか、人の集まる店が蓄音機を買う。

そうなると、クラッシックばかりかけるわけにはいかない。もっと庶民の好きな音楽が求められる。それらは、わかりやすくて、日本の旋律のものだった。で、当時、人気だったのが、浪花節（浪曲）。浪花節の説明は「大衆芸能」を参照。浪花節が人気で、浪花節を聞きたくて、地方の人が蓄音機を買う。蓄音機の普及で浪花節の人気がさらに上がるのだ。

《流行歌の登場》

流行歌が登場するきっかけは、松井須磨子が歌った演劇の劇中歌「カチューシャの唄」。続いて「ゴンドラの唄」（作詞・島村抱月、作曲・中山晋平）がヒットする。「演劇史」参照。

そのあたりから、西洋音楽のレコードが売れ出して、作曲家も出て来る。一九二八年、ビクター、コロムビアなど外資系レコード会社が流行歌の録音をはじめる。外国のポピュラーソングに日本語の詞をつけたものが流行する。そして、中山晋平、古賀政男、古関裕而《こせきゆうじ》、服部良一らの作曲家、西条八十、野口雨情、サトウハチローら作詞家が登場し、日本の流行歌が作られてゆく。

《軍歌》

軍歌のはじまりは、戊辰戦争の時の「宮さん宮さん」と言われている。官軍（天皇の軍隊、実は薩摩と長州）が江戸に下る時の行進曲。以来、日清戦争、日露戦争のもと、いろんな軍歌が作られた。日露戦争の前に「雪の進軍」、日露戦争後は「広瀬中佐」などがある。

昭和になって、日本が中国と戦争をはじめる頃になると、戦意高揚のため軍歌が量産される。その頃の作曲家、作詞家はほぼ全員、軍歌の作曲、作詞をしている。古関裕而はマーチの天才と言われた作曲家。ＮＨＫのスポーツテーマ(ＮＨＫのスポーツ番組で必ず流れる曲)とか、「六甲おろし」(阪神タイガースの歌)を作曲している。ちなみに読売ジャイアンツの「闘魂こめて」も古関の曲。節操ない。古関裕而はすごくたくさん軍歌を作っている。古関の有名な曲をいくつか見てゆくと、太平洋戦争がどうやって展開していったかもよくわかる。

戦時中、政府の指導のもと、たくさんの軍歌が作られた。戦争がはじまる少し前に作られたのが「露営の歌」。「勝って来るぞと勇ましく」(作詞・薮内喜一郎)って歌詞も実に勇ましい。マイナー旋律で悲壮感の中にも、力強さがある。そして、戦争がはじまる。真珠湾攻撃のすぐあと、日本軍はシンガポール沖にいたイギリス東洋艦隊を攻撃、戦艦プリンス・オブ・ウェールズと巡洋艦レパルスを沈めた。このニュースが流れた三時間後に、「英国東洋艦隊潰滅」という曲が作られている。古関の曲だ。これはメジャー旋律の明るい曲。「ラバウル海軍航空隊」、古関の曲はメジャー曲が多く、勝っている時の曲は明るく、気分が高揚する。だが、戦争もだんだん負け色が見えてくる。マイナー旋律の名曲が「若獅子の歌(予科練の歌)」。若き航空隊員を歌った曲で、戦局の暗雲が歌から伝わる。そして、作られたのが「比島決戦の歌」だ。しかし、フィリピンは米軍の手中に落ち、この日から、日本はフィリピンの基地より飛ぶ米軍爆撃機の空襲を受けることになる。戦後、古関は軍歌を作ったことを悔やみ、原爆の悲劇をテーマにした「長崎の鐘」を作曲した。

《近代化の中、和楽器音楽はどうなったのか》

流行歌やジャズや欧米のポピュラー音楽が流行するようになって、それまでの三味線や箏など和楽器による音楽はどうなったのか？　実は昭和四十年代頃まで、和楽器も日本の音楽として定着し、流行もしていたんだ。

一九二五年にラジオがはじまる。昭和のはじめ頃のラジオ（まだＮＨＫしかなかった時代）、放送番組の人気ランキングがあって、一位が浪花節（浪曲）で、二位が琵琶だった。

歌や音楽はいつも人々とともにあった。江戸時代は音曲を習い、大正から昭和は、レコードやラジオで浪花節（浪曲）を聞いて、それを真似て歌った。流行歌（歌謡曲）が人気になると、それを歌い、昭和四十年代、若者がギターを手にするようになり、フォークソングが流行する。その前に昭和三十年代には歌声喫茶なんていうのもあった。当時の労働者の若者が集まって、皆で歌ったりもしていたんだ。

戦後から現代の音楽の変遷

戦後、占領軍の命令で、ラジオ番組の編成が大きく変わる。邦楽の番組が減らされ、浪花節や琵琶が、「忠君愛国」みたいなテーマを語っていたのは放送禁止になる。

今度はアメリカ的なものが放送される。よく放送された音楽番組がジャズだ。学校の洋楽教育も進み、日本は西洋音楽が中心となる。

《歌謡浪曲から演歌へ》

洋楽が流行するようになると、三味線伴奏から洋楽に切り替えて歌謡曲的な雰囲気のある歌謡浪曲が生まれる。三波春夫、村田英雄、二葉百合子は浪曲調の歌謡曲で人気になった。三波春夫は前のオリンピックの時に「東京五輪音頭」、そのあとの大阪万国博覧会で「世界の国からこんにちは」を歌って大ヒット、国民的歌手と呼ばれた。

二葉百合子は昭和四十年代に、太平洋戦争で戦争に行って帰って来ない息子を待ち続ける母を歌った「岸壁の母」がヒットした。

歌謡浪曲が流行して、その流れを受けて、日本的旋律で、日本人の昭和な心を歌う、演歌が生まれて、今日まで続いている。

《多様化する現代の音楽～ロカビリー、アイドル、フォークソング、ニューミュージック》

戦後、音楽はアメリカの影響を受けてゆく。一九五〇年代は、ロカビリーブーム。その流れが、グループサウンズ。一九六六年には、ビートルズが来日。ロカビリー、グループサウンズは、女性ファンが殺到する。グループサウンズから、男性アイドルが生まれる。テレビの音楽番組が人気になる。

そして、女性アイドルが登場し、男性ファンが熱狂する。むしろ、女性アイドルは、あんな風に可愛くなりたい女性ファンの心を掴む。で、ちょっとイケメンの男の子や、ちょっとカワイイ女の子はアイドルをめざす。ちょっとイケメン、ちょっとカワイイ、自分たちとそんなに変わらない。等身大のアイドル時代で、視聴者参加番組のアイドル登竜門の「スター誕生」なんていう番組も人気になり、そこからアイドルも生まれたりする。等身大のエンタメがどんどん作られてゆく。

七〇年代後半、女の子の間ではピンクレディのふりを真似て歌うなんていうのが流行した。中身が違うだけで真似て歌うことが楽しいというのは変わっていない。

一方、女性にモテたい男性はどうするか。長髪にして、ギターを奏でて、歌う。もちろん純粋に音楽が好き。でもギター弾くとモテた。さらには、六〇年安保からの政治の右傾化(アメリカがベトナム戦争をはじめたことで、日本も戦争に協力しようという政治の流れがあった)に疑問を抱く若者たちが、その気持ちを音楽で表現していった。それがフォークソングだ。

たとえば、ビートルズが戦争反対の曲を作ったことなどの影響もあるが、やはり日本人の多くは「二度と戦争はやってはいけない」という気持ちは多くあり、それは戦争の記憶がある若者たちは強い思いとして受け止めていた。当時のフォークソングは学生や働く若者(中卒で働く若者も多くいた)の間で人気を呼んだ。「イムジン川」「戦争を知らない子供たち」などが歌われた。新宿で「戦争反対」を歌う若者たちと機動隊が激突なんていう、フォークゲリラ事件もあった。

貧しくとも健気に生きる、テーマはわりと演歌に近いけれど、フォークソングは当時の若者の心に響く歌も歌われた。ここから、ニューミュージックも生まれてゆく。ユーミン、さだまさし、サザンオールスターズにも繋がってゆく。

《流行歌の時代》

一九八〇年代にテレビでは「ベストテン」番組をやっていた。ポピュラーも演歌もニューミュージックも含めて、歌謡曲と呼ばれた。有線とか、リクエストで、人気の歌の順位を決める「ザ・ベストテン」（ＴＢＳ系）、「トップテン」（ＮＴＶ系）という歌謡曲番組がゴールデンタイムで高視聴率だった。いまもテレビに出ている、黒柳徹子とか久米宏、堺正章が司会。サザンオールスターズなど、いまも活躍しているアーチストが出ていた。

昭和の終わりには「世代を超えて歌える歌」があった。いまでもミリオンセラーのＣＤはあるが世代を超えて歌える歌はない。ドラマやアニメの主題歌になると、多少、共通の歌になるかもしれないけれど、ドラマやアニメを見ない人も多い。

《マイクを離さないおじさんたち》

最後はカラオケの話。カラオケの登場は一九七〇年。演歌歌手が予算節約のため、地方公演にバンドを連れずに行き、カラオケで歌ったのがはじまり。これが関西で受けた。俺もカラオケで歌いたい、そういうノリのいいおじさんたちが関西にはたくさんいた。義太夫も大阪が発信だ。関西のスナックにカラオケが導入されて、おじさんたちが演歌を歌うようになった。

昭和五十年代に家庭用カラオケが出来た。ちょっと田舎の金持ちが買って、家族や親せきの集まりで歌ったりする。そうなると、ソフトも演歌だけでなく、アイドルの曲や、子供もいるからアニソンや童謡なんかも増えて来る。

昭和六十年代からはカラオケボックスの時代で、宴会の二次会もだけれど、若者がデートでカラオケに行ったりもした(二人きりになれるし、ムーディな歌で、二人だけで盛り上がれる)。通信カラオケの普及で、ソフトが増えて、最新の曲はすぐに配信されるし、外国曲、アニメソング、ミュージカルナンバーなども充実する。マイナーな演歌もあるから、おじさんたちのニーズにもこたえて、相変わらず、マイクを離さないおじさんは今でもいるし、普段は歌わない若者もカラオケなら盛り上がれる。やっぱり日本人は歌が好きなんだ。

三　大衆芸能史

日本には口承芸能、喋ったり語ったり歌ったり、という芸能がある。その中には、今日まで受け継がれているものも多くある。

語るものでは、義太夫、新内、常盤津などの浄瑠璃、歌うものでは、長唄、民謡、端唄、小唄。話す芸能で落語がある。落語は、面白い話、バカバカしい話、ちょっと涙する人情噺や、エロ話なんかもある。江戸後期に起った。日本人は「笑う」ことが好き。おもしろおかしい話を、話したり聞いたりすることが大好きで、江戸ローカル芸能から、やがて全国的なお笑い芸の一ジャンルとなる。

読む芸能は講談。難しい本を読んで聞かせ、庶民にもわかりやすく講釈する。歴史と道徳のお勉強の中にエンタメを取り入れた。

唸る芸能が浪曲。明治時代に出来て、メディアの発達で全国的な芸能になった。昭和三十年代までは、日本で一番人気のあった芸能といってもよい。浪曲の名文句は誰でも知っている名文句で、義理や人情を基調とした日本人好みの節と物語が多くの人たちに愛された。

落語

落語って何？　一人語りによる伝統的な、笑いを基調とする語り芸。テレビに出ている落語家はワイドショーに着物で出て、なんかもっともらしいことを言っている。狂言とどう違うのか。

《落語のルーツ》

落語のルーツをどこに定めるのかは難しい。平安時代〜室町時代のおとぎ話か、いや、もっと昔から日本人は「お笑いが好き」で、面白い話を語って笑い合っていた。

面白い話を複数の人たちに聞かせて、投げ銭を得たり本を売ったりして収益を得たはじめは一六八〇年代のはじめ、京で露の五郎兵衛、大坂で米沢彦八、江戸で鹿野武左衛門が現われる。五郎兵衛、彦八は上方落語や喜劇へ継承されるが、江戸は武左衛門で一時途絶える。

天明（一七八一〜八九）の頃、江戸では文化人や富裕町人たちの言葉遊びの会「咄の会」が行われた。咄の会に参加していた初代三笑亭可楽が一七八九年(寛政元年)に「おとし咄」を披露し、下谷神社で公演を行ったのが寄席のはじまりと言われている。

その後、可楽の弟子や、その流れを汲む者たち、朝寝坊むらく(人情噺の祖)、初代林屋正蔵(怪談噺の祖)、初代三遊亭圓生(三遊派の祖で芝居噺の祖)らが活躍、天保の頃は百二十五軒、幕末には百七十二軒の寄席があり、人情噺、滑稽噺などが口演された。

《三遊亭円朝の時代》

幕末に芝居噺で人気を得た三遊亭圓朝は、明治になると素噺で人情噺を語る。「牡丹灯籠」「塩原多助一代記」など創作を得意とし、活躍する。また、圓朝の語りが速記本として出版され、原文一致運動にも影響を与えた。

明治時代は寄席の客席も変えていった。地方から出て来た労働者や学生には、江戸の洒落や人情噺よりも、滑稽な舞踊や、現代でいう一発芸のようなものが好まれた。初代三遊亭圓遊(すててこ踊り)、三遊亭萬橘(へらへら踊り)、四代目立川談志(釜堀り踊り)、四代目橘家圓太郎(鉄道馬車のラッパの物真似)の四天王が活躍した。だが、圓遊はすててこ踊りだけでなく、「野ざらし」「船徳」などの滑稽噺でも活躍した。また、三代目柳家小さんは関西の落語を多く江戸落語に改作、人情噺が主流だった寄席を滑稽噺中心に変えていった。

一九〇五年(明治三十八年)、初代三遊亭圓左、四代目橘家圓喬、三代目小さんらは「落語研究会」を開催、岡鬼太郎ら文化人を顧問に、江戸落語への回帰で落語の本筋を守ることと、新作落語の奨励、寄席の改良を試みた。

《寄席の凋落と大正ロマン》

娯楽の多様化、活動写真の登場(一九〇七年頃)に、落語家の団体の離合集散、そして、関東大震災で、東京の寄席の人気に翳りが見えはじめる。それでも、時代に呼応した新しい落語を演じた柳家三語楼らは人気を得る。

また、交通の発達から、東西の落語界の交流もはじまる。この頃から、出囃子やめくりなどの寄席の形が関西から伝わって来る。やがて、ラジオの放送がはじまると、柳家金語楼や三代目三遊亭金馬ら、面白い落語家たちが人気者となる。

《戦中戦後の落語界》

太平洋戦時下は落語界も苦難の時代であった。戦争に不要な落語は上演禁止になるかもしれないと、廓噺などを禁演落語とし、自主規制で時代の波を乗り切った。

終戦後、焼け残った寄席には笑いを求めた客が詰め掛けた。一方で多くの若者が戦場へ行き、落語家の数も減っていた。

《落語の黄金時代》

一九五一年、ラジオの民間放送がはじまると、落語の番組が多く放送され、八代目桂文楽、五代目古今亭志ん生、六代目三遊亭圓生らが活躍する。彼らは昭和の名人と呼ばれる。

また当時の若手も大喜利番組などでも活躍。林家三平、三代目三遊亭圓歌(当時・歌奴)、桂米丸、春風亭柳昇、十代目桂文治(当時・伸治)、四代目三遊亭金馬(当時・小金馬)らが活躍する。

また、評論家の安藤鶴夫らが提唱し、三越落語会、東横落語会など、ホール落語がはじまる。下駄履きの寄席ではない、高級なホールで古典落語を鑑賞する、昭和の名人たちを中心に落語家の活動の場が広がった。

一方で、高度経済成長の時代に入り、落語の描いた江戸や明治と、時代の感覚のずれが生じて来た。これまでは落語に描かれる、長屋や吉原、八つぁん、熊さんはすぐ隣の存在だったが、マンションやアパート、家電製品や自家用車など、落語の世界とは異なる価値観が一般になってくると、落語がやり難くなる。

安藤らは昔の落語の世界を鑑賞する、古典芸能の道を歩むことを提唱、一方、創作落語会、落語漫才作家長屋などの新作の会が盛んとなり、新作落語で現代を描く道も模索する落語家も現われる。

立川談志は「笑点」などに出演、カラーテレビ時代に大喜利に色紋付でメンバーが出演するなどの新機軸や、若手落語家のメディア出演の場を作るなど、現代と落語との接点を模索した。談志はさらに『現代落語論』を著わし、落語が現代に生きる道を説いた。それに対し、新作落語で活躍の五代目柳家つばめは『創作落語論』を著わし、現代に必要なのは新作落語であると説いた。

《分裂騒動から平成の落語ブーム、そして現代》

昭和の名人に憧れ、落語家をめざす若者が増えると、落語家の数に対しての寄席不足や、いつまで経っても真打になれない落語家も出て来たりするという問題が深刻化、五代目柳家小さんが二十人の落語家を真打にしたことに対し、圓生らが落語協会を脱退する事件が一九七八年に起こった。落語協会分裂騒動である。圓生の死で、脱退した弟子たちは落語協会に戻ったが、五代目三遊亭圓楽らは圓楽一門で別行動、一九八三年、談志も落語協会を脱退し、立川流を結成した。それまで、戦後三十年、落語協会、落語芸術協会の二団体だったものが、圓楽、談志の一門の四団体となった。

寄席に出られない圓楽一門は、圓楽が自費で寄席を建てるがすぐに撤退、その後は地方へ活路を見出す。それまでもあった地方公演の道を広げ、他の落語家たちも地方に活躍の場を求めるようになる。おりから地方の時代が提唱され、地方に大きなホールが作られ、地方のホールも住民の喜ぶソフトを求めていた。寄席が少なく落語家が増えても、ホール落語や地域寄席、地方公演などで多くの落語家は糧を得るようになる。

三遊亭圓丈の「実験落語」「応用落語」などの新作の活動は、春風亭昇太、柳家喬太郎らその後の新作派に大きな影響を与えた。春風亭小朝プロデュースの「大銀座落語会」、立川志の輔のパルコ一月公演など特筆すべき活動は多くあった。

二〇〇一年、古今亭志ん朝没、二〇〇二年、五代目柳家小さん没で、「落語の終焉」と言った評論家もいたが、どっこい、平成の落語ブームが起きた。落語がドラマに取り上げられたり、二〇〇八年問題で定年退職した人たちが寄席に来たり、中小のホールでの落語会が増えたりなどの要因がある。

現在、落語家の数は東西合わせて千人を越えた。お客さんは面白い落語を求め、新作、古典、江戸、上方もボーダレス化がすすみ、女性落語家もおおく活躍している。大小さまざまな落語会が全国で開かれ、落語家は活動の場を広げている。

《上方落語》

五郎兵衛、彦八らの流れは上方の辻噺として定着、江戸後期になり、初代桂文治が坐摩神社の境内に、掛け小屋でない本格的な小屋を建てて寄席興行を行った。文治は鳴物を入れた芝居噺を創始、上方落語中興の祖と呼ばれ、また寄席の開祖とも呼ばれている。

幕末の上方落語は、桂、笑福亭、林家、立川の四派が凌ぎを削っていた。やがて、初代桂文枝が率いる桂派と、御池橋の川喜席などを拠点とした二代目笑福亭松鶴らの川喜派が対抗するようになった。一九一〇年、三代目桂文枝が亡くなると桂派は瓦解し、三友派に吸収された。

一九一三年、寄席経営をしていた吉本泰三、せい夫妻が吉本興業部を起こす。寄席経営の才覚があったせいは次々に寄席を買収し事業を拡大、買収した寄席に花月の看板を掲げた。一九二一年には三友派も吉本花月派に合流し、上方落語は吉本の支配下に入った。泰三の死後も、せいと弟、林正之助が吉本の勢力を拡大、昭和に入ると、漫才やショウに力を注いで、上方の寄席を新しい演芸で席巻させてゆく。

戦後、上方落語は壊滅の危機を迎えた。戦前、戦中から、吉本興業は落語から漫才に軌道転換。戦後はほとんどの演芸場が焼失、孤軍奮闘していた落語家たちも亡くなった。だが、戦後すぐに入門したのが、のちの六代目笑福亭松鶴、桂米朝、三代目桂春団治、五代目桂文枝の戦後上方落語の四天王で、彼らはラジオの落語ブームで、関西ローカルの上方落語の知名度を上げてゆき、また、古いネタを復活、復刻にも力を入れた。彼らの奮闘で上方落語は息を吹き返した。

講談

講談は、落語と同じ一人の語り芸だが、本来は書物の講釈で、知識人が庶民に歴史や道徳、神学などを教えたもの。だから、「講談を聞くとためになる、落語を聞くとダメになる」。

《講談のルーツ》

講談のルーツは江戸時代、お殿さまに軍書の講義をした学者であるといわている。軍書を講釈した、だから講談のことを「講釈」という。記録にあるのは、赤松法印という人が徳川家康に「太平記」を講じたとあるが、赤松法印がどういう人かはよくわかってはいない。

東日本橋の薬研堀不動院にある「講談発祥の地」の碑文によれば、元禄の頃、赤松清左衛門が浅草見附あたりで「太平記」を講じたのが講談のはじまり、とある。清左衛門の人気を受けて、浪人や僧侶くずれ、学者くずれといった知識人たちが盛り場に出て、いろいろな読物を講釈した。講釈師たちが多く盛り場に出るようになると、軍記ものなどを読む時は、勇ましいところは勇ましく抑揚をつけて語ったりするようになり、単に書物を講釈するだけでなく、面白く聞かせる工夫がなされていった。さらには軍記ものだけでなく、いろいろな物語が読まれるようになっていった。

《深井志道軒と馬場文耕》

宝暦の頃(一七五一~六四)、深井志道軒が浅草に簡易な小屋を建てて講談の公演を行い、人気を得た。平賀源内や太田南畝らが志道軒の評判を書き残している。

同じ頃、馬場文耕は実録ものの講談で活躍した。「八百屋お七」など実際に起こった事件の話を作って語る、今日の新聞記者、レポーターのような役割を担っていた。寄席(講釈場)に行灯で看板を出したのも馬場文耕が最初である。文耕は金森騒動という、美濃郡上で実際に起こった事件を取材し、講談として演じ、事件を記した小冊子を発刊したため奉行所に捕らわれて死刑になってしまった。権力に都合の悪いことを広められることが禁じられていた時代だった。言論の自由や報道の自由などない、新聞もニュースもなかった時代に、事件の真相に迫った講談師がいたが、権力のために葬られてしまった。

講談は知識人が行っていたが、決して体制に寄るばかりでなく、反体制なところがあるのは、志道軒のウィットや、馬場文耕のジャーナリスト的な心根が生きているのかもしれない。

《幕末〜明治の講談》

化政期から天保(一八〇四〜四五)には、講釈場も江戸のあちらこちらに出来、落語や女浄瑠璃とともに人気を呼んでいた。講談は「天下のお記録読み」で、人の道を説くことと、一般庶民にわかりやすく歴史を伝える、これが当時の講談のテーマだった。ただの娯楽ではない、教養の部分を多く担っていた。幕末には江戸の街に講談を演じる寄席が、二百軒以上もあった。そうして多くの講談師が切磋琢磨し、講談の芸を確立していった。

幕末から明治に活躍した二代目松林伯円は多くの新作講談を作り、講談中興の祖と呼ばれた。とくに白浪モノ(泥棒が活躍するネタ)がうまかったといわれ、「ねずみ小僧次郎吉」「天保六花撰」などの作品を残し、歌舞伎にも影響を与えた。

《衰退する講談》

明治の後半、新しく登場した浪花節(浪曲)や、大正時代になり活動写真(映画)が人気となり、娯楽が多様化し、講談の人気に翳りが見えはじめる。一九三九年には講談の寄席は五軒、講談師は五十人に減り、やがて日本は戦争に突入する。

戦後焼け残った講談の寄席は、上野の本牧亭一軒だけだった。まさに講談絶体絶命の危機を迎えるが、戦後、一龍斎貞水、六代目宝井馬琴、「東京オリンピック」などの新作で活躍した田辺一鶴らが登場し、講談の命脈を現代に繋いだ。

一九九〇年、本牧亭がなくなってしまったり、現在でも講談協会と日本講談協会（神田派）に分かれていたりと問題はあるものの、やはり物語の持つ力強さはあり、歴史から世話物まで、面白い語りを聞かせてくれるのが講談である。現在は東西合わせて約一二〇人の講談師が活躍している。

浪曲

節で物語を綴る浪曲は明治時代に登場。レコードとラジオで全国的な人気となり、日本で一番人気の芸能へと発展した。多くの節や名科白が日本人なら誰でも知っている流行語となり、多くの人が口づさんだ。

《浪花節のルーツ》

母胎となったのは、説経浄瑠璃や、チョボクレと呼ばれていた江戸時代の門付け芸能であると言われているが、ようはいろんな芸能のいい処取りをして、三味線伴奏による節と語りを聞かせる芸能として登場したのが浪曲である。最初は「浪花節」と呼ばれた。

幕末の頃、両国広小路などの盛り場で演じられていたものが、明治時代のはじめに「浪花節」という鑑札を取得し寄席の高座に上がった。

《寄席の浪花節》

寄席に出るようになった浪花節は講談のネタを多く借用し、物語や登場人物の心情を表現する節が工夫されていった。講談を取り入れ連続モノなども読まれる一方で、当時のニュースなどにも取材した新しいネタなども読まれていった。そうして浪花節は人気を得てゆく。一九〇五年には浪花節語りの数は四百人を数えた。関西は「浮かれ節」で鑑札を取得。浮かれ節で公演を行った。

《桃中軒雲右衛門》

一九〇七年、桃中軒雲右衛門が東京の本郷座で二十日間の公演を行った。せいぜい百~三百程度の客席数の寄席から、千人規模の大劇場への進出である。この時に現在の浪曲の、テーブル掛けやら衝立の裏に三味線弾きを隠すなどのスタイルが確立した。

雲右衛門は宮崎滔天や福岡の玄洋社(国粋主義の知識人グループ)をブレーンとし、「武士道鼓吹」というテーマを掲げ「赤穂義士伝」などを中心に語った。雲右衛門の浪花節は、日露戦争に勝利した日本人の共感を得た。さらには、それまで下層階級の娯楽と思われていた浪花節が大劇場で公演を行うことで、中間層の客層を多く取り込んだ。雲右衛門により浪花節の新たな時代が幕を開けた。

《レコードの時代》

明治から大正の頃には国産の蓄音機が作られるようになり、レコードが次第に普及する。浪花節のレコードが次々にヒットを生み、全国で人気を博した。大正から昭和に掛けてレコードで人気を得て活躍した浪花節語りには、東家楽燕、木村重松、初代天中軒雲月、三代目鼈甲斎虎丸、初代篠田實らがいる。

また明治後半以降、全国に鉄道が整備され、旅が気軽に出来るようになり、レコードで人気の浪花節語りが全国を巡演した。浪花節が全国的に人気を博した。「浪花節」が「浪曲」と呼ばれるようになったのは昭和初期のことである。俗説はいくつかあるが、正しい理由はわかっていない。

《ラジオの時代》

一九二五年、ラジオ放送がはじまると、浪曲はラジオを通じて全国的娯楽の王者に君臨した。昭和のラジオ時代を代表する浪曲師と言えば、二代目広沢虎造だ。虎造の語り掛けるような啖呵の魅力は寄席で培われたもので、それがラジオやレコードというマイクロフォンを通じて開花した。まさにラジオ時代が生んだ浪曲のスターである。虎造と同時期に活躍した浪曲師に、二代目玉川勝太郎、寿々木米若、初代春日井梅鶯、三門博、二代目天中軒雲月らがいる。

世の中に戦争の気運が高まってくると、浪曲人気に軍部も注目し、国策浪曲も多く作られた。軍部が浪曲を利用したというよりも、世の中の気運が嫌米意識で盛り上がっていたということもあり、忠君愛国のテーマが受けた時代でもあった。しかし実際の寄席や劇場では、すぐに国策浪曲は飽きられ、侠客伝など従来の浪曲が多く語られていたようだ。

《民間放送で黄金時代ふたたび》

戦後、浪曲の人気は一時的に衰えるが、世の中が安定してくると、やはり銭湯で浪曲を唸る親父がいたり、床屋の蓄音機からは浪曲が流れたりしていた。

一九五一年、ラジオの民間放送がはじまると、従来のネタのほか、大衆小説を脚色した文芸浪曲が連続で放送された。もう一つ人気だったのが、東京放送「浪曲天狗道場」など聴取者参加番組で、街の喉自慢、節自慢たちがこぞって参加し、自慢の一節を聞かせた。浪曲の人気は健在で、昭和三十年代半ばまでは、ラジオで浪曲の黄金時代を飾る。

浪曲が人気となった理由は何かと言えば、わかりやすい節を用いていることにある。誰もが簡単に真似出来る。雲右衛門が登場する少し前の明治三十六年頃、東京では素人による浪花節の発表会が流行している。また、銭湯で唸る浪曲は人気で、昭和になり銭湯の壁にタイルが使われはじめると、浴槽のバックの壁画に富士山が描かれるようになる。勿論日本一の山であるというのもあるが、虎造の「旅行けば駿河の道に茶の香り」という外題を歌うのに絶好のロケーションだからだ。聞く楽しみだけでなく、演じる楽しみも浪曲にはあり人気を呼んだのだ。

昭和三十年代以降、時代が高度経済成長時代になると、浪曲は衰退する。浪曲がテレビにはあわなかったり、三味線音楽が時代にあわなくなったりといった理由があげられる。だが、衰退と言われて六十年近く経つが、日本人の心の歌として浪曲は今でも生きている。

第二章　日本の物語

日本文化を考える上で、本著では、「物語」に注目したい。神話、古典文学、おとぎ話などを、日本人がどう考えて、どう生きたのか、どんな風俗、風習があったのか。そういったことを考える手助けになればと思う。

ここでは、さらに、日本人の心の物語、忠臣蔵も加えて、日本の「物語」を紹介する。

一　神話

日本の物語もいろいろあるが、まずは、日本という国がどうやって出来たのか、というお話からはじめよう。「古事記」「日本書紀」は八世紀に作られた歴史公文書である。

「古事記」は稗田阿礼の伝承していた物語を、太安万侶が編纂し、元明天皇に献上された。「日本書紀」は「古事記」の八年後、舎人親王が編纂した。ともに神代からの物語が綴られている。

公文書に神話だなんて、おかしな話だが、天皇家が神様の子孫であることを記したもので、国家が神によって作られたことを後世に伝えている。それがホントの話かどうかは別にして、当時の社会情勢なんかにも影響を与えている。「古事記」の編纂には時の権力者、藤原不比等がおおきく関わっていたとも言われている。

とはいえ、全部が嘘話ではない。神話の物語の意図は何か。そして単純に物語として面白いものもあれば、そうでないものもある。神話から考えることは多い。

《国造り》
太陽や月や地球が出来た頃にさかのぼる。その頃、世の中はまだ混沌だった。なんだかわからない。なんだかわからない混沌の中から神々がお産まれになった。最後に現われたのが、男神のイザナギと女神のイザナミ。この二人が島を作ってそこへ降り立ち言葉を交わした。
女神「私の身体には一箇所欠けているところがあります」
男神「そうか。俺の身体には一箇所余っているところがある。俺の余ったところをお前の欠けているところに差し入れて塞いでみよう」
＊小学生の性教育じゃないよ。
そうして二人は次々に神々や島々を生んで日本の国土が出来た。しかし産み過ぎたのか。イザナ

ミは死んでしまった。
＊というのが日本誕生の神話。生命の起源はイザナギ・イザナミの営みにあり。営みおろそかにするなかれ。というのが神話の最初の物語だ。

イザナギは嘆き悲しみ、黄泉国へイザナミに会いに行ったら、イザナミは蛆虫に食われて血みどろグチャグチャ。イザナミは「見たなぁ」とイザナギを追って来る。酷い姿を見られたもんだから、怒っちゃった。で、イザナギは逃げた。醜い女の姿と怒りに怯え、とうとう離婚を決意する。離婚の条件は。
イザナミ「お前の国の人間を毎日千人殺して黄泉国へ連れて行く」
イザナギ「そうか。お前がそういうことをするならいいよ。勝手にしろ。そのかわり毎日、千五百人づつ産んでやる！」
＊こうしてどんどん人口は増え、二十世紀には一億人を超えるのだが、この二人の離婚条件もぼちぼち力を失いはじめ、最近では出生率低下。いや、イザナミの力も弱まり、そんなに死ななくなって、かくて日本は高齢化社会を迎えることとなったのである。
それでもイザナギ、頑張って男手一つで国作りを頑張る。

最後に作った神が、アマテラス（太陽の神）、ツキヨミ（夜の神）、スサノオ（海の神）の三神。ところが、この三番目の男神のスサノオはマザコン。「母ちゃんはどこだよ、なんで俺は母ちゃんから生まれなくて父ちゃんから生まれたんだよ。そんなの変だよ」

スサノオは暴れる。おまけにスサノオはシスコンでもあり。姉ちゃんのアマテラスを脅かす。

「姉ちゃん、二人でまっとうな子作りしよう!」そして、アマテラスとスサノオは八人の神を作る。

だが、そのあともスサノオは暴れる。田んぼを踏み荒らし、神殿にウンコする。さらには機織娘を驚かせて、機織娘は機織具に刺さって死んだ。とうとうアマテラスは怒り、岩戸にお隠れになり、世の中は闇に閉ざされる。

アメノウズメがストリップをはじめ、神々が「やんや」の喝采を送ったので、何事かとのぞき見たアマテラスを引きずり出し、世の中はふたたび光をとりもどした。

《ヤマタノオロチ》
マザコンでシスコンでS男でスカトロという、令和の今ならよくいそうなスサノオ。やりたい放題やったもんだから、八百万の神々はお怒りになり、とうとうスサノオは髭とツメを切られて追放となった。
＊髭とツメを切られて……床屋かよ。
スサノオは出雲国にやってくると、そこでクシナダ姫の受難を知る。姉たちがヤマタノオロチに食われてしまい、次にクシナダ姫が食われてしまうというのだ。ヤマタノオロチは胴が一つで首八

つの蛇の怪獣だ。それを聞いた、スサノオはヤマタノオロチを退治する。
＊駄目駄目神様だったスサノオが騎士道精神で活躍する！　日本神話で一番面白いところ。オロチを退治したスサノオはクシナダ姫と結ばれる。めでたしめでたし。この夫婦はうまくいっていて、子供が生まれる。その子供がまた子供を生み、何代かのちにオオクニヌシが生まれる。

《オオクニヌシ》

オオクニヌシは、スサノオとクシナダ姫の間に出来た何代かあとの人物。オオクニヌシには兄がいっぱいいいた。兄弟たちはイナバ国にヤガミ姫という美女がいるとの噂を聞きプロポーズの旅に出る。オオクニヌシは兄たちから奴隷扱いされ、荷物を背負ってえっちらほっちら。そしたら、そこに白ウサギがいた。白ウサギは鰐鮫を騙したのがバレて皮を剥がれていた。通りかかったオオクニヌシは白ウサギを介抱する。
＊オオクニヌシの優しさを示した故事だ。

さて、イナバ国に着いた一行だが、兄たちは全員、ヤガミ姫にふられてしまう。ヤガミ姫が婿にと選んだのは、優しいオオクニヌシだった。兄たちは怒った。オオクニヌシに対して壮絶ないじめがはじめる。

「俺たちが山から赤猪を追うから、お前は麓で捕まえろ」と言って、山の上から焼けた真っ赤な大岩をころがす。捕まえようとしたオオクニヌシは黒焦げになる。このままではホントに命がない。オオクニヌシはスサノオのいるネの国（死者の世界）へ逃げることにする。つまり兄たちに殺されたということだ。

オオクニヌシはスサノオの宮殿に会いに行くに、そこにいたのはスサノオの娘、スセリ姫。稲妻のような目の女。で、二人は恋に落ちる。

＊スサノオとスセリ姫はどういう関係だ？　オオクニヌシはスサノオとクシナダ姫の間に出来た子孫で、スセリ姫はスサノオの娘って何？　わからないから神話か。

ネの国でオオクニヌシ、今度はスサノオにいじめられまくる。蛇の室や蜂の室で寝かされ、野原で火をかけられる。その時、スセリ姫がオオクニヌシに囁く。「一緒にスサノオを騙して逃げましょう」。オオクニヌシとスセリ姫は、スサノオがを寝ているうちに髪の毛を柱に縛って逃げる。この時、宝物の生太刀、生弓矢、天謡琴をうばって逃げる。案外、ちゃっかりしている。で、スサノオも最後にはオオクニヌシにアドバイスする。「戻ったら、スセリを妻とし、その太刀と弓矢で兄たちを皆殺しにしろ！」。スサノオのアドバイスに従い、オオクニヌシは兄たちを殺し、とうとう出雲の王となる。

出雲へ戻ったオオクニヌシだが、そこにはイナバで妻としたヤガミ姫がいた。あちゃーっ、女二人鉢合わせ。スセリ姫の髪の毛は燃え出し、目から稲妻が轟く。ヤガミ姫、驚いてイナバに逃げ帰った。

出雲の王となったオオクニヌシは結構、あちこちで浮気している。スセリ姫があまりにも嫉妬深いので、倭国へ逃げようとする。しかし、スセリ姫、「私から離れようったって駄目よ！」。そら駄目だろう。捕まってお仕置きが待っている。とうとうスサノオ、スセリ姫の前に土下座して、「俺は一生、出雲にいるよ」。二人は幸福に暮らしましたとさ。めでたしめでたし。

＊オオクニヌシが祀られている出雲大社は縁結びの神様。縁結びっていうのは、実は男の浮気封じと、男を家に縛ることがご利益だった。

話変わって、高天原《たかまがはら》。つまり神々の世界。出雲国がスサノオの子孫で、しかもスサノオの娘を后にしているオオクニヌシが治めていることが、アマテラスは面白くない。出雲を治めるのはアマテラスの系統でなくてはならぬ。そこで、アマテラスは度々使者を送るが、地上の誘惑に零落されてしまう。

アマテラスはタケミカヅチという神を遣わす。戦いとなり、アマテラスの勝利に終わる。オオクニヌシは神として祀られることを条件に、出雲をアマテラスに譲り、黄泉の国へと旅立つ。

《海幸山幸》

高天原（神の国）では、葦原中国《あしわらなかつくに》（日本）が帰順したので、会議の結果、統治責任者として、アマテラスの孫のニニギを派遣した。ニニギは日向の高千穂に降り立つ。そこでサクヤ姫という美女に会う。

＊神様っていうのは降りて来ると美女に会うのが定番だ。

ニニギはサクヤ姫にプロポーズする。サクヤ姫の父は土着神で、「娘でかした」。

＊被征服者の中には、征服者にとり入って美味しい思いをしようという利口者(こずるい奴)が必ずいる。

土着神はたくさんの貢物と一緒にサクヤ姫をニニギに嫁がせた。この貢物の中にはサクヤ姫の姉、イワナガ姫もいた。サクヤ姫は美女だけど、イワナガ姫は醜女だった。ニニギは醜女なんぞいらぬと、イワナガ姫を追い返す。イワナガ姫はニニギに永遠の寿命を与えるために贈られた姫だった。それを追い返したから、ニニギをはじめ、以降の天孫は人間同様の命の長さになったという。

やがてサクヤ姫は懐妊する。しかし、ニニギはサクヤ姫と一回しか同衾していなかった。これはきっと、他の土着神との間の子に違いない、ニニギは疑い、勝手に嫉妬に狂う。サクヤ姫は「疑うなんて哀しい」と部屋に火を放ち、業火の中で子供を産み死ぬ。生まれたのはホデリ、ホオリの兄弟だった。

何年か過ぎる。ホデリは海幸、ホオリは山幸。ホデリは魚を釣り、ホオリは山で獣をとり暮らしていた。

＊神の子なのに、庶民的な暮らしをしていたのは、なんでだろう。
ある日、二人は職業交換という遊びをしてみるに。慣れぬことゆえ、獲物もとれず、しかもホオリは兄から借りた釣り針をなくしてしまった。兄は怒った。「何が何でも釣り針を返せ」。弟は千本の釣り針を渡し、これで勘弁してくれと言ったが、元の釣り針でなければ駄目だ、と兄は言う。

責められたホオリは海をみつめて泣いていると。そこへ潮路の神が通りかかる。「それなら海を司るトヨタマ姫様のお袖におすがりしては」と言う。ホオリは船に乗って、トヨタマ姫の住む宮殿に行く。

トヨタマ姫の父、海の大王はホオリがニニギの息子と知り、下へもおかないもてなしをする。おまけにホオリがいい男なもので、トヨタマ姫もホオリに惚れてしまう。ホオリとトヨタマ姫は結ばれ、毎日、鯛や平目の舞い踊りを見てのん気に暮らして三年が過ぎた。ホオリは故郷のことを思い出した。そこでトヨタマ姫に自分がこの地へ来たわけ、兄の釣り針をなくしていじめられた話をする。トヨタマ姫は魚たちを集め、鯛の喉にひっかかった釣り針を探し出す。
＊もっと早く話していれば、鯛は三年も苦しまずに済んだものを。って、鯛なんかどうでもいい。
こうしてホオリは鰐の背中に乗って故郷へ戻る。この時、トヨタマ姫は土産にシオミツ玉、シオヒク玉という二つの玉をくれる。これは潮の満ち干きを操れる玉だ。さらにはホオリに稲作をすすめる。いつか倭国が稲穂で黄金の国になる。「その時はあなたのもとに嫁します」とトヨタマ姫は約束する。

故郷へ戻ったホオリ。兄に釣り針を返す。ホオリは稲作をはじめ、家はどんどん栄える。一方、兄のホデリの家はどんどん貧乏になってゆく。怒ったホデリは軍を率いてホオリを攻めるが、ホオリは二つの玉でホデリを水責めにする。「命ばかりはお助けください」と、兄は弟に土下座をして謝った。

ホデリはホオリの家来となり、屋敷の門番となった。さらには水に溺れる滑稽な舞を未来永劫踊って、ホオリの子孫を楽しませることを約束する。

＊これには色々な話があって、「古事記」が出来たちょっと前に、中大兄皇子(天智)と大海人皇子(天武)の兄弟の対立があり。天智は百済、天武は新羅の支援を受け、というか朝鮮の代理戦争みたいなことをして。結局、天武派が勝つ。当時の政権が天武派の後継。だから、弟のほうが正しい、というのを歴史に借りて明記したみたいな説があるが、あくまでも一つの説だ。

トヨタマ姫がホオリを訪ねて来て、懐妊を告げる。

「産んでるところを決して見ないでください」と言って産屋に入る

＊浦島太郎や鶴の恩返しみたいな話が色々入っている。

決してのぞくな、と言われるとのぞきたくなるのが人情。ホオリはのぞく。そしたら鰐が出産していた。トヨタマ姫は鰐だった。

「なんで見てしまったの！」。トヨタマ姫は子供を産むと海の宮殿へ帰ってしまう。でも子供が心配だから。妹のタマヨリ姫を乳母として送る。生まれた子供はタマヨリ姫と結ばれるんだけど。タマヨリ姫も妹だから鰐じゃないのか？　そうしてホオリの子孫は高千穂（宮崎県）にて、五百八十年幸福で平和な日々を過ごす。ここまでが神話になる。

《神武東征》

ホオリの子孫は高千穂で五百八十年平和に暮らしていた。カムヤマトイワレビコは倭国（日本）を統治するのに、日向の田舎にいては駄目だと考えた。そこで軍を率いて大和へ向かう。大和の土着神との戦いでは苦戦するが、八咫烏（サッカーのマークになっている三本足の烏）の道案内などあって次々に打ち倒す。そして、白梼原に宮殿を建て、神武天皇となり国を統治する。

月日は流れる。数百年。天皇家には次々にお家騒動があったり、何事もなく日が過ぎたり、いろいろあったりなかったり。で、十代崇神天皇の頃には、各地の土着神を次々帰順させて、ほぼ日本が統一された。

《ヤマトタケル》

オシロワケ（景行天皇）は、息子のオウスに西の権力者、熊襲の退治を命じる。オウスは女装し熊襲の城に入るに、熊襲のタケル兄弟はスケベエだから、見慣れぬ童女にポーッとなる。すきを見てオウスは兄弟を倒す。熊襲タケル兄弟は武勇に優れよく戦ったため、オウスは敗者の熊襲を称え、ヤマトタケルと名乗る。
つづいて、出雲も平定するヤマトタケル。その疲れも癒えぬのに、今度は東国の平定に向かう。相模ではエビスの騙まし討ちに合い、草なぎの剣(ヤマタノオロチの腹から出た剣)で命拾いをする。浦賀水道では海神の怒りを買い、妻のオトタチバナ姫が犠牲になった。ヤマトタケルは東国よりの戻り道、オトタチバナ姫を想い「吾が妻はや」と言う。こりれより、この地が吾妻《あがつま》と呼ばれ、関東のことを「アズマ」というようになった。
＊これが文献にある日本最古の洒落である。
伊吹山で白猪の妖気に当てられたヤマトタケルは次第に体が弱り、尾張の地で亡くなる。

《神功皇后の朝鮮征伐》
オシロワケ(景行)のあとが、ワカタラシヒコ(成務)、そのあとがヤマトタケルの子、タラシナカツヒコ(仲哀)。タラシカツヒコは長門に宮殿を作り、熊襲を攻めた。その時、后のオキナガタラシ姫(神功皇后)が神がかりになった。「西に宝の国がある。その国を属国とせよ」。長門は今の山口県だから。西のほう? 海しかない。いや、海のむこうには大陸があるではないか!
「海しか見えない」と言ったタラシナカツヒコは神の怒りにふれて息絶える。次の大王(天皇)はオキナガタラシ姫のお腹の子供になる。
次の大王はまだ生まれていない。そこで、オキナガタラシ姫が、男装して軍を率いる。すると、なんと、海が割れて道が出来た。そして、海の魚たちが軍船を担いで一気に新羅国へ。新羅王はたちまち降伏した。

＊ヤマトタケルは女装して、神功皇后は男装。古代の人たちは、雌雄が入れ替わるのが案外好きかもしれない。

神功皇后は無事出産し、大和へ戻ると、新王と異腹の兄弟を倒す。神功皇后は百歳まで生きた。

＊明治時代になって、お札が出来た時、最初の肖像画になったのが神功皇后。

神功皇后の産んだ子はホムダワケ(応神天皇)。子供が三人。で、長兄のオオヤマモリに海山を任せ、次兄のオオサザキに政治を任せ、一番下のウジノワキイラッコを大王とした。

ホムダワケは日向からカミナガ姫を呼んで后にしようとしたが、オオサザキがカミナガ姫に惚れちゃって、父に懇願してもらいうけた。ホムワダケとしては、大王の地位を一番可愛い末弟に譲ってくれたんだから、女の一人や二人はくれてやるぞ、オオサザキもこのことで父と弟には感謝した。

＊いい女は一国にあたいする。

ホムダワケが死ぬと、長兄オオヤマモリが謀反を起こす。これを次兄、末弟で討つ。その後、次兄と末弟は王位を譲り合う。やがて末弟は早死にし、オオサザキが大王となった。のちの仁徳天皇である。

《仁徳天皇》

「民の竈はにぎわいにけり」。減税したら景気回復して国民生活が豊かになった。

＊「古事記」の時代の大王でさえやっている簡単な政治学がなーんで二十一世紀の政治家はわかんないのかね。あんなでかい墓作ったんだから、こういう話がホントかどうかは知らないが（堺にある前方後円墳は実は仁徳天皇陵ではない説もある）。

オオサザキ（仁徳天皇）のあとも、王が変わるごとに兄弟でお家騒動が起こる。で、延々とお家騒動と女の取り合いの歴史が続いてゆく。めでたしめでたし。このあとは「古事記」は推古天皇まで、「日本書紀」は持統天皇までが綴られている。

二　古典文学

日本の古典文学に学ぶものは多い。とはいえ、物語である。かなり面白い展開が待っている。ここでは、世界でも読まれている古典文学「源氏物語」、日本最古の物語「竹取物語」、あとは江戸時代の滑稽話「東海道中膝栗毛」の三作品を紹介しよう。

源氏物語

作者は、紫式部、と言われている。一条天皇の中宮、藤原彰子に仕えた。藤原彰子の父が藤原道長である。
物語は、天皇の子でありながら降下した光源氏だが、左大臣家の後盾を得る。光輝くような美男子の光源氏の女性遍歴と権力闘争が描かれるが、光源氏は権力闘争には興味がない。ただ立場上、その渦中に巻き込まれてゆく。

《主な登場人物》

●男性
光源氏
桐壺帝(光源氏の父)
朱雀帝(実際の朱雀帝とは別人物)
頭の中将(光源氏の親友)
左大臣(葵の上の父、光源氏の舅)
右大臣(左大臣のライバル)
明石入道(明石の君の父、播磨国の権力者)

●女性
桐壺の更衣(光源氏の母)

藤壺（桐壺の更衣に似ている。桐壺帝の寵愛を受けるが、光源氏とも関係を結ぶ。）
葵の上（光源氏の正妻。左大臣の娘）
空蝉（伊予介の妻）
萩（空蝉の妹。太っているが陽気な性格。中の女）
夕顔（貧しい家に住む女。下の女だが、情深い。実は頭の中将の愛人、常夏）
六条御息所（光源氏の愛人。激しい性格。生霊となり葵の上を殺す）
若紫（藤壺の兄の娘。光源氏が引き取る）
末摘花（常陸宮の姫。実は不細工。そうとは知らず、光源氏と頭の中将が競う）
朧月夜（右大臣の娘で、后候補）
花散里（桐壺帝に仕えていた女官の妹）
明石の君（明石入道の娘。光源氏との間に一女を産む）

《桐壺》
光源氏の物語は、母の桐壺更衣が時の帝から寵愛を受けたことにはじまる。桐壺更衣は帝の第二皇子を産んだが、皇子が三歳の時に亡くなってしまった。皇子は帝に引き取られ育てられた。光り輝くような美しさに育ち、学問も芸術にも才に恵まれた。帝は皇子を東宮（皇太子）にしたいと思ったが、さまざまな事情があり諦め、源姓を与えて降下させた。彼が光源氏、この物語の主人公である。

帝は先帝の内親王が桐壺更衣に似ていると聞き、宮中に入れた。藤壺である。源氏は父の供で藤壺に会い、やがて恋慕を抱くようになる。源氏は十二歳で元服した。左大臣の娘、葵の上を妻とした。左大臣は源氏をかわいがったが、葵の上は自分が年上なので源氏とは打ち解けず、源氏も藤壺に想いを寄せていたので葵の上とは距離を置いていた。

帝は桐壺更衣の実家を改装し、二条の院とし、源氏に与えた。源氏は二条の院、宮中、左大臣邸とどこにいっても大事にされたが、藤壺に想いを抱き叶えられない心は満たされずにいた。

《箒木《ははきぎ》》

源氏は成人する。五月雨が降り続くある日、左大臣の息子で葵の上の同母弟で、源氏と歳も同じくらいの頭の中将が訪ねて来た。源氏、頭の中将、それに、やはり女好きで知られる左馬頭、藤式部丞の四人で、女の品定めをはじめた。これが「雨夜の品定め」という有名な件。

女を上中下にわけ、上でも駄目なものもいれば、中でも掘り出し物もある。嫉妬深い女に指をくいつかれ別れたが、あとで行ったら着物を温めていてくれ優しさに心打たれた話、器量のいい女が浮気者だった話など、体験談を語る。頭の中将は本妻の嫉妬に怯えて失踪してしまった愛人、常夏の話をする。

翌日、雨が上ったので、源氏は紀伊守の屋敷に行く。虫の声がし、蛍が飛び、川の音がし、風雅な屋敷である。この屋敷には空蝉という、紀伊守の父、伊予介の後妻がいる。源氏は夜更けに空蝉に夜這いをするが、人妻の空蝉が忘れられず、紀伊守の屋敷を訪ねるが、空蝉は会ってはくれない。近いように見えて近付くと消えてしまう、まるで箒木のようだと源氏は言う。

＊帚木とは、遠くからは箒を立てたように見えるが、近寄ると見えなくなってしまう実在の植物。

《空蝉》

空蝉は源氏に惹かれる一方、自分は人妻であるから、あさはかになびいてみじめな気持ちになるのが嫌で、夜も眠れぬ毎日を過ごしていた。空蝉は源氏を拒み続けるが、心は乱れていた。空蝉の妹、萩は太っていて決して美女ではない「中の女」だ。源氏が夜這いに来た時に空蝉は逃げてしまったので、源氏は仕方なく萩と同衾した。

《夕顔》

ある日、五条に住む乳母の大弐が病で出家したと聞き、見舞いに立ち寄る。乳母の家の隣に夕顔が咲いていた。隣家の童女が夕顔を扇に乗せて差し出した。源氏は隣家の女のもとへ行く。藤壺を慕うも想いは遂げられず、葵の上とは打ち解けず、空蝉とも溺れるような恋にはならず、荻とも一度だけ、愛人の六条の御息所とは恋仲ではあるが、六条の御息所は気位が高く心休まるものはない。そんな時、源氏は夕顔の優しさに心安らいでしまい、すっかり魅せられ、情熱を傾けてしまう。夕顔の家は小さく、雨夜の品定めでは「下の女」。だが、こんなところにモノ凄い宝があったのだ。もしかしたら、夕顔は頭の中将の失踪した愛人、常夏ではないかとも思う。

源氏は夕顔の家に泊まる。その夜、美女の幽霊が現われて恨み言を言う。源氏が近侍を呼ぶと幽霊は消えてしまうが、夕顔は冷たくなっていた。源氏は歎き、病に伏す。源氏は侍女から、夕顔が常夏であったと聞く。

伊予介は空蝉を連れて伊予に行くと言う。秋風が身に染みる。

《若紫》

春の頃、源氏は病になり祈祷のため北山に出掛けた。北山は奥深く、京の花は過ぎたが、ここは花盛りだった。源氏は風雅な小柴垣の家を見つける。そこには四十代の尼僧がいた。そこに女の子がいて、その女の子の面影が藤壺に似ていた。調べてみると、女の子は尼僧の孫で、父は藤壺の兄だった。女の子の名は若紫。のちに紫の上と呼ばれる。

藤壺は軽い病で里に戻った。源氏は夜這いに行き想いを遂げるが、藤壺は悩む。七月、藤壺は懐妊した。やがて、藤壺は宮中へ戻る。帝が藤壺を大事にするので、藤壺の心は乱れる。

やがて、北山の尼僧は死に、源氏は若紫を二条の院に引き取る。源氏は二条の院の西に屋敷を作り、若紫に読み書きを教え、人形の屋敷を作って一緒に遊んだりした。源氏と若紫は仲睦まじく兄妹のように過ごした。

《末摘花《すえつむはな》》
源氏は夕顔の優しさが忘れられない。身分は低くてもカワイイ女に憧れていた。空蝉も荻も忘れられない女だ。源氏は関係した女のことを忘れられない。
源氏は亡き常陸宮が可愛がっていた姫が零落しているという噂を聞く。源氏は姫の屋敷へ行くが、荒れ果てた屋敷だったが、姫の弾く琴を聞くことが出来た。源氏の後をつけた頭の中将も姫に惹かれた。二人は姫に文を送ったが、どちらも返事をもらえなかった。源氏はふたたび屋敷に行き、思いを遂げた。しかし、姫はまったく口を利かなかった。源氏はもの足りなく失望した。そのうちに紅葉の宴で忙しくなり、姫のところへ行くことはなかった。六条の御息所のところにも行かなくなっていた。
正月、久々に姫の屋敷を訪ねた。朝、帰ろうと思って姫の顔を見たら、鼻が赤く不器量だった（末摘花は姫の顔から）。源氏は身分はあっても不器量な末摘花を哀れに思った。

《紅葉賀》
帝は宮中で試楽の宴を催した。源氏は頭の中将と青海波を舞った。源氏の美しさに宮中の女たちはウキウキした。藤壺は、もし源氏と関係を結んでいなかったら他の女たちのように楽しめたのにと思った。源氏は正三位、頭の中将は正四位に昇進した。
二月、藤壺は男子を産んだ。源氏は皇子に会いたがったが藤壺は拒んだ。赤ん坊が源氏に瓜二つだったからだ。
四月、皇子が参内した。帝は皇子が源氏に似て美男なのを喜んだ。源氏と藤壺は顔色が変わった。七月、源氏は宰相となる。帝は引退し、東宮が帝となり、藤壺の産んだ皇子が東宮となる。

《花宴》

源氏二十歳。帝は桜の宴を催した。宴のあと、月の美しい宮中を源氏はぶらぶらと歩いた。弘徽殿（女御たちの御殿）の戸が開いていたので、そっと潜入し「朧月夜に似るものぞなき」と口づさむ女がいた。源氏はその女と契った。明け方、二人は名乗ることもなく、扇を交換して別れた。この女は右大臣の娘、六の君ではないかと思われた。いずれは東宮の后になる女だ。源氏は恐ろしく思った。

《葵》

源氏は二十二歳になり、軽々しい女遊びはやめていた。
賀茂の斎院に弘徽殿の三の宮が就任し、華々しい行列を見ようと見物人が詰め掛けた。葵の上の車と、六条の御息所の車が行き合いになり、道を譲れ譲らぬで揉め、左大臣家の郎党が六条の郎党を叩きのめした。あとでこの話を聞いて源氏は、六条の御息所のところへ詫びに行くが、六条の御息所は怒って会ってもくれない。葵は懐妊したが、モノノケにつかれたと言い出し、祈祷をすると、いくつかの死霊生霊がとりのぞかれるが、一つだけ離れない霊がいる。お産の時、突然、葵の声が六条の御息所の声に変わり、源氏はぞっとする。やがて葵は男児を産む。

一方、六条の御息所は魂が抜け出て左大臣家に来て、葵を小突いたり髪の毛を掴んだりしている。気が付くと、六条の御息所の衣は、祈祷で炊いた芥子の香りがついていて落ちない。

左大臣家では若君誕生の祝いの宴が行われていた。これも六条の御息所はおもしろくない。若君は健やかに育ち、源氏も左大臣も喜んだ。だが、葵は産後の日立ちが悪く様子がすぐれず、しばらくして亡くなった。源氏はこんなに早く死んでしまうなら、もっと優しくすればよかったと悔やんだ。そして、喪が明けるまで左大臣邸に留まった。

久々に二条の院に帰った源氏は、紫が美しく育っているのに目を見張り、姿かたちは藤壺に瓜二つであった。二人はとうとう枕を交わす。源氏は以降、紫を愛することに没頭する。

《賢木《さかき》》

世間の噂では、葵が死んだので、源氏は六条の御息所をのち添えにするのではというが、源氏は六条の御息所を訪ねることはなく、六条の御息所の苛々はつのる。とうとう、源氏と別れて伊勢に行くことを決心する。それを聞いた源氏は流石に名残り惜しくなり、九月、六条の御息所を訪ねた。六条の御息所は斎宮のいる嵯峨野にいたので、秋草の嵯峨野を行く。六条の御息所ははじめは源氏と会おうとしなかったが、とうとう会う。だが伊勢に下る決心は変えなかった。源氏は六条の御息所にふられた思いで一日呆然と過ごした。

十二月、桐壺院が亡くなった。天下は、帝の后の父、右大臣のものとなった。

正月、毎年、源氏の元には多くの公家たちが挨拶に来るのだが、今年は皆、右大臣邸に行き、二条の院も左大臣邸も閑散としていた。

源氏と六の君(朧月夜)の秘密の関係も続いていた。賀茂の斎院では式部卿の姫(朝顔)との関係も続いていた。

源氏は時おり、三条の宮に忍び込み、藤壺を求めたが、藤壺は拒み続けた。桐壺院の一周忌、藤壺は誰にも相談せず、突然出家した。これには源氏は驚き呆然自失となる。

右大臣は源氏のまわりにいる公家を冷遇した。昇進の見込みがなく、そうなると源氏に近かった公家は離れていった。頭の中将は右大臣の娘婿だったが源氏派とみなされ冷遇された。それでも頭の中将は昔同様、源氏とは親しく交流した。左大臣は時の流れに逆らえず引退した。

状況が読めないのは源氏だけだった。そんな状況にもかかわらず、朧月夜が右大臣邸にいる時に、右大臣邸に忍んで行き、逢瀬を重ねていた。夏、雨が降っていた。源氏は朧月夜の部屋で朝まで過ごし、帰る機会を逸した。運悪く、朧月夜の部屋で淫らな姿でいるところを右大臣に見つかってしまう。怒った右大臣はことの次第を現帝の后(右大臣の娘で朧月夜の姉)に告げた。宮中では、源氏を追放しようという動きになる。

《花散里》

桐壺院に仕えていた女官とその妹、その妹と源氏はふとした縁で恋人となったが、姉妹は今は零落し源氏のみが頼りであった。夏のある日、源氏は姉妹の屋敷を訪ねた。源氏はまず、姉と桐壺院の思い出話をする。妹(花散里)は昔と変わらず優しかった。源氏は花散里に心慰められた。

《須磨》

世間の風当たりが強くなり、源氏は都を去ろうと考える。三月下旬、七、八人の供だけ連れて、源氏は旅に出た。播磨の須磨に簡素な家を建てさせていた。源氏は五月雨の季節を、須磨の家で一人寂しく過ごした。紫、花散里、藤壺からは文が来た。秋になった。源氏は寂しさにむせいで日々を過ごした。都では、帝が源氏がいないと寂しいとおっしゃった。伊勢の六条の御息所からも文が届いた。しかし、多くの人たちは右大臣派を恐れて、源氏のもとに文を出すのをためらった。

一年が過ぎ、頭の中将が訪ねて来た。その心が嬉しく、源氏は涙した。三月、嵐が来て落雷し、源氏の家も一部が焼けてしまう。その頃から、龍王の使いが来て、水底に来いと言う。源氏は須磨の暮らしが嫌になった。

《明石》

須磨は連日、雨風が続いた。明石入道が舟でやって来て、源氏を自分の屋敷に迎えたいと言う。

明石は須磨と違い賑やかな街で、源氏の心には添わなかったが、源氏は明石入道の屋敷でしばらくくつろいで過ごした。明石入道は源氏に娘と結婚して欲しいと懇願する。明石の君は思慮深い女で、父のすすめる縁談だが、自分の身分を考えると、源氏を受け入れなかった。自分のような田舎娘を相手にするわけがないと思う。うっかり契って捨てられて泣きを見るのは嫌だ。だが、とうとう明石の君は根負けし、秋頃には契りを結んだ。だが、明石の君は六条の御息所と性格が似ていて、関係が深くなると高飛車な態度をとるようになった。

京では天変地異が続き、帝は目を患い、太政大臣(前の右大臣)も病で死んだ。帝はとうとう源氏を呼び戻すことにする。明石の君は源氏の子を身篭っていた。源氏は必ず都へ呼ぶと約束し、都へ戻る。二条の院では、紫がすっかり大人になり貫禄が備わっていた。源氏は大納言となり、ふたたび参内を許され、帝の相談相手となった。

物語はさらに続くが、これで源氏の女性遍歴を描いた物語は幕を閉じる。

竹取物語

ご存じ「かぐや姫」の物語である。ここでは、かぐや姫に求愛する五人の貴公子、それにもう一人の男性、それらがどのような人物であるか、そして、かぐや姫が彼らに求めたもの、さらにはその成り行きを紹介しよう。

また意外と知られていない、「竹取物語」の最後について、述べることにする。

まずは五人の貴公子とは、
石つくりの皇子
くらもちの皇子
阿部大連《むらじ》
大伴大納言
石上中納言

《石つくりの皇子と仏の御石《みいし》の鉢》
石つくり皇子は天竺にある「仏の御石の鉢」を求められた。皇子は「天竺に行って取って参りましょう」と言い三年ほど旅に出た。天竺のものなんか、誰も見たことはないであろうと考えて皇子は、大和国あたりでそれらしき石の鉢を見付け、錦の袋に入れて持って来た。
鉢は贋物だと、かぐや姫に見破られ、返された。皇子は鉢を門に叩きつけ壊した。それでも皇子は、かぐや姫が諦められず、和歌などを送ったが、当然、返歌はなかった。未練な男であると、余計に恥をかいた。このことから、厚かましいことを「鉢を捨つ」と言うようになった。

《くらもち皇子と蓬莱の玉の枝》
くらもちの皇子が求められたのは、「蓬莱の玉の枝」。東の海の果てにある蓬莱山、そこには銀の根、金の茎、白い玉を実とする木があるという。その枝を手折って来て欲しいと言うのだ。

皇子はわずかの供を連れて旅立った。皇子にはかねての計略があり、当代随一の鍛冶匠《かじたくみ》を六人雇って、贋作を作らせた。六人の鍛冶匠は、それは見事な玉の枝を作り上げた。

これはかぐや姫も贋作とは見抜けない立派なものであった。皇子は蓬莱山への旅の苦心譚を語った。かぐや姫は胸がしめつけられる思いだった。そこへなんと六人の鍛冶匠が怒りながら現われた。なんと贋作を作る手間賃を、くらもちの皇子が払っていなかったので、かぐや姫の屋敷に取りに来たのだった。

かぐや姫はすっかり元気になった。かぐや姫は鍛冶匠たちに、たくさんの宝物を与えた。帰り道、皇子の従者たちは鍛冶匠たちを襲い、さんざに殴る蹴る。鍛冶匠たちはかぐや姫からもらった宝物を棄てて逃げ去った。恥をかいた皇子は、まわりの目も気になり、いずこともなく去って行った。このように、正気を失い、呆然自失となることを、蓬莱の玉の枝からとって「玉さかる」というようになった。

《阿部大連と火鼠の皮衣》

阿部大連は右大臣の地位にある。財産もあり家も栄えていた。阿倍大連には、唐土にあると言われている「火鼠の皮衣」が求められた。大連は金を使って大勢の商人たちに火鼠の皮衣を探させた。しかし、「この国にはどこを探してもない」という答えしか返って来ない。しばらくして、唐土から船が来た。大連は人を遣わし、火鼠の皮衣がないか問うに、なんと火鼠の皮衣を持ち帰ったという。大連は金に糸目はつけないと、商人を遣わして、火鼠の皮衣を買った。なるほど、瑠璃色の、美しい皮衣だった。

大連がかぐや姫の屋敷へ行くと、前の二件があるのでホンモノかどうか確かめたいと、かぐや姫は言う。真実、火鼠の皮衣なら、火をつけても燃えないはず。大金を払った大連は、よもや贋物ではあるまいと火の中に投じるに、衣はメラメラと燃えてしまった。大連はかぐや姫との婚礼が出来なかった。そのことから、目的が達成できないことを「あへ(阿部)なし」と言うようになった。

《伴大納言と龍の首の玉》

伴大納言が求められたものは、「龍の首についている五色に光る玉」。大納言は家来たちに、龍の首の玉を取ってくるように命じ、旅に必要な食糧や銭を与えた。家来たちは「龍なんてどこにいるんだよ」と途方に暮れ、食糧や銭を分けて、それぞれ逃亡してしまった。

一年経っても家来たちが戻らない。手掛かりの報告もない。大納言は焦った。大納言は自らが船に乗り、あちこちの海をまわり、龍を探した。筑紫のあたりに船が来た時、嵐に遭った。船が沈みそうになり、船頭は「龍を殺そうとした罰だ」と言うので、大納言は龍に詫びを言い、命からがらやっとの思いで戻って来た。

その噂を聞き、家来たちも戻って来た。大納言は、「お前たちが龍の玉を取って来たら、私は龍に殺されていた」と言い、家来たちを許し、褒美の銭まで与えた。そして、竹取の翁の悪口を言った。それを聞いた大納言の妻たちは、おおいに笑った。

このことから、道理にあわないことを「あな、たえがた」と言うようになった。

《石上中納言と燕の子安貝》

石上中納言には、燕が産卵する時にまれに小さな貝を一緒に産む。その「子安貝」というものを持って来て欲しい。子安貝は稀少で見たものはいないという。

中納言は燕の巣のある木の上に、籠に乗って登って行き、自らの手で子安貝を探そうとした。しかし、綱が切れて、中納言は転落した。中納言は最後は必死に手を伸ばして子安貝を掴んだと言う。中納言が握りしめていたのは子安貝ではなく、燕の糞だった。

貝がなかった。そこで期待がはずれることを「かいなし(貝無し)」というようになった。

中納言は転落の傷と、子安貝が取れずがっかりした気持ちで起きられなくなり、とうとう死んでしまった。他の貴公子たちと違い、インチキをせずに行動したが命を失った中納言を、かぐや姫は気の毒に思った。

《第六の男》

六番目の男がいた。それは誰か。なんと、時の天皇が、かぐや姫の噂を聞いた。天皇はかぐや姫の屋敷へ人を遣わした。かぐや姫は使者に会いたくないと言い、使者が天皇の命令だと言っても会わなかった。使者は天皇にこのことを報告した。

天皇は翁に官位を授けるから、かぐや姫に参内するよう言う。翁は喜ぶが、かぐや姫は「参内するなら死ぬ」とまで言うので、「天下のことよりも姫の命が大事」と翁は諦める。

天皇は狩りに行く途中でかぐや姫の屋敷へ寄り、一目かぐや姫を見ようと考える。天皇はいきなりかぐや姫の屋敷を訪れると、そこにはホントに光り輝く美女がいた。姫は奥の間に逃げようとするのを、天皇自ら手をとって、「もう逃がさない」と言った。どうしても姫を宮中に連れてゆくと天皇が言うと、姫は突然光を失い、影になってしまった。翁が天皇に「これ以上言うと、姫は死んでしまう」と詫びたので、天皇は帰ることにするが、心残りであった。

天皇は宮中に戻っても、かぐや姫が忘れられず、他の女のところへは行かなかった。

天皇はかぐや姫と文のやりとりをした。姫もこれにはたびたび返事を書いたが、四季の草花のことなどをしたため、きわめて心豊かなやりとりであった。

＊天皇もふってしまうかぐや姫。だが、流石は天皇。心豊かに文のやりとりはしていたんだ。

《不死の山》

さて、「竹取物語」の最後について話をしよう。

かぐや姫は月に帰る。その時に、「またいつか逢える日がある」と、翁と媼に「不死の薬」を贈る。翁と媼は、かぐや姫のいない世界にいたくはないと思い、また、翁と媼が不死の薬を持っていることで、争いが起こった。翁と媼は旅に出て関東まで来て、ある高い山の上で不死の薬を燃やしてしまった。その高い山は、以後、不死の山(富士の山)と呼ばれるようになった。不死の薬はいつまでも燃え続け、不死の山からはいまだに煙が上がっているという。

＊「竹取物語」は全編に言葉遊びの面白さがある。日本最古の物語が遊び心に満ちている。日本人の根底には、そうした「遊び心」があるのだろう。

東海道中膝栗毛

江戸の文学から「東海道中膝栗毛」を取り上げる。

江戸時代、印刷の技術が発展し、庶民が気軽に本を読むようになった。江戸は識字率も高かった。印刷技術といっても版画で、一人一人が本を所持いるにはいたらないが、貸本屋というのが町内をまわって来て、次々に新刊を読むことが出来た。

江戸ではまず「水滸伝」など中国の大衆文学の翻案本が絵とともに紹介された。「留守番は飯のありかと水滸伝」という川柳があるくらい、食い物と「水滸伝」を与えておけば、留守番も退屈せずに務められた。やがて、滝沢馬琴の「南総里見八犬伝」などの読本や、山東京伝や式亭三馬らの滑稽本が読まれるようになる。

「東海道中膝栗毛」は十返舎一九の作、東海道、伊勢参り、上方見物など、当時の庶民の憧れである「旅」を一緒に体験し、名所見物をし、名物を食べるなか、弥次・喜多の二人のやりとり、珍妙な道中記が綴られるのである。ここでは、その発端のみを紹介する。

《登場人物》
弥次郎兵衛／駿河出身の、ただの親父
喜多八／駿河江尻の、尻喰観音の尻ッぺたの生まれ。尻が重なりすぎて、男色趣味になり、役者の弟子になるも、尻くせが悪く、尻がすわらず、尻付き合いの始末に困って、尻に帆かけて逃げて、江戸へとやって来た。

当時の江戸はタイヘンな経済成長を見せていた。だから一稼ぎしてやろうという奴は江戸へ江戸へとやって来る。市中に水道が引かれ井戸の中に玉川の鮎が泳いでいる。一方で、急な経済成長で地価が高騰。空地にモノを置こうものなら地代をとられるという、どっかのバブルの時代にも似た有様。弥次郎兵衛はそもそも駿河府中(現在の静岡市)の出身。金持ちの息子であったが、お約束の放蕩三昧。はては、旅役者、鼻水多羅四郎一座の前髪役者、鼻之助と男色の関係になる。バカ騒ぎの日々を送り、とうとう親の財産を使い果たし借金まで作り、この尻ぬぐいの仕様がない。ってんで、弥次郎兵衛は鼻之助と二人、尻に帆かけて駿河を出奔。
「借金は富士の山ほどあるゆへに　そこで夜逃げを駿河ものかな」

夜逃げの最後にこんな狂歌を残してスタコラサ、江戸へ出て神田八丁堀の長屋に、弥次郎兵衛と鼻之助はルームシェアをすることとなる。弥次郎兵衛は、働かないのに、酒は剣菱、魚は江戸前なんてことを言ってるから、すぐに金に詰まる。しょうがないってんで、鼻之助を元服させ喜多八を名乗らせる。喜多八は奉公先を見付けて無事就職する。

あとに残った弥次郎兵衛は、趣味の絵を活かして硯の蓋なんかに描くアルバイトをはじめるが、そんなのはいくらにもならない。毎日、納豆しかおかずのない生活が続くが、これを見かねた近所の人が嫁を世話してくれる。嫁のおふつが働き者で、どうやら所帯がなんとかなる。弥次郎兵衛もおふつに感謝し、道楽は止め、嫁に気を使いながら、とりあえず安定した暮らしが十年続いた。

そんなある日、一人の侍が女を連れてやって来る。侍は駿河藩士、兵五左衛門、女は妹のお蛸、お蛸は駿河時代に弥次郎兵衛と言い交わした仲ゆえ嫁にもらって欲しいと言う。しかもこれは駿河藩の殿様の命令で、弥次郎兵衛が断われば手が後にまわるという。弥次郎兵衛はやむなく、おふつに三下り半を書き、「必ずなんとかするから、しばらく辛抱してくれ」と言い離縁する。

実はこれはおふつを追い出すために弥次郎兵衛が仕組んだ芝居だった。兵五左衛門もお蛸も弥次郎兵衛の仲間だ。何故献身的な女房を追い出す必要があったのか。それにはある金儲けがからんでいた。

ある隠居が女中に手をつけ腹ませた。息子に知られないうちになんとかしたいので、女中を腹の子ごと十五両の持参金をつけて嫁入りさせたいというのだ。そうして、お壺という女を嫁にもらった弥次郎兵衛。そこへ喜多八が訪ねて来る。お壺の持参金の十五両の金はお店の金に穴をあけた喜多八のために弥次郎兵衛が工面したのだった。

ところが、実はお壺を腹ませたのは隠居ではなく喜多八だった。わっ、喜多八も両刀使い！　喜多八の十五両の持参金ために弥次郎兵衛は女房を追い出して、お壺と持参金の十五両をもらい……？　十五両はどこに？

弥次郎兵衛は怒り、二人は喧嘩になる。脇でお壺は陣痛がはじまり、そうこうするうちに陣痛の苦しみでお壺は死んでしまう。お壺は弥次郎兵衛の女房だから、長屋の衆が弔いを出す。お壺の親が呼ばれてくる。棺桶をあけるとお壺の首がない。驚いたら、逆向き(逆立ち状態)で棺桶に入れていた。ひどい奴らがあったもの。

しかも喜多八は奉公していた店をクビになる。どうやら、その店の奥様を口説いていたらしい。こんな騒動を起こしては江戸にはいられないと、弥次郎兵衛、喜多八は旅に出ることとなった。弥次郎兵衛は家財を売り、滞った家賃を払い、通行手形をもらい、余った銭が路銀となるが、当然、その他の借金は踏み倒す。

道中は名物を喰い、茶店で休み、草臥れたら馬に乗り、宿場に着けば、素人、玄人かまわず女性を口説く。護摩の灰に財布をとられたり、木賃宿で巡礼の娘に夜這いをして失敗したり、そんな道中が延々と続くのである。

三　おとぎ話・昔話

日本の物語というと、誰でも知っているおとぎ話、昔話がある。誰でも知っていると言ったが、最近ではコンプライアンスの問題で改作されたり、あまり知られなくなってしまった物語も多くある。ここでは代表的なおとぎ話、昔話に、偉人の幼少の物語など十五話を取り上げ、ストーリーの紹介と解説をする。

桃太郎

登場人物＝爺、婆、桃太郎、犬、猿、雉、鬼たち

《物語》　桃から生まれた桃太郎は、犬、猿、雉を供に鬼ヶ島へ鬼退治に行く。

＊特別な出生環境の子供が異質の能力を得て、鬼などの外敵と戦ったり、災害から人々を守ったりする話は洋の東西を問わず、あちらこちらに存在する。

「桃太郎」は「昔昔ある所」ではじまる。何時代かも場所も特定はされない。登場人物も爺と婆で、身分や職業もわからない。だから、日本中の子供が聞いて、楽しむことが出来る。

重要アイテムとして黍団子が出て来るなどから、吉備国(岡山県)の話じゃないか(桃も岡山の名産)と言われたり、また爺、婆も現在の老人ではなく、四十代くらいで、桃を食べて元気に励んだ

ために桃太郎を産んだなどという説もあったりする。物語にもさきざまな解釈がなされる。落語「桃太郎」は、「桃太郎」の話を聞かせて子供を寝かしつけようとした父親がやりこめられるという、「桃太郎」の解釈をめぐるお話である。

浦島太郎

登場人物＝浦島太郎、乙姫、亀、魚たち

《物語》亀を助けた浦島太郎は竜宮城へ招待される。そこには乙姫という美女がいて、鯛や鮃の舞い踊りで歓待される。数日が過ぎ、故郷へ帰ると言う浦島太郎に、乙姫は玉手箱を渡す。浦島太郎が故郷へ帰ると、浦島が浜を出て数百年の月日が流れていた。浦島は玉手箱を開けると、煙が出て老人になってしまう。その姿に驚いた浦島は鶴になり、どこかへ飛んで行った。

＊物語とは、さまざまな教訓を与えると言われている。亀を助け善行を行った浦島が、享楽に溺れたとは言え、老人になるという罰が待っていた、なんとも不思議な話である。ただ、亀を助けた優しさ、享楽に溺れる欲望、故郷へ帰りたい郷愁、これは人間なら誰でも持っている感情で、浦島の生き方を人間らしい、普通の人間の行動と考え、それが罪深さに通じるという話なのかもしれない。

「お伽草紙」では鶴になった浦島のもとへ、亀に姿を変えた乙姫が訪ねて来て、二人して伊勢神宮に祀られて、「鶴亀」として末長く、多くの人々に愛された、という話もある。

金太郎

登場人物＝金太郎、山姥、動物たち

《物語》 相模国足柄山で、金太郎は動物たちと暮らしていた。怪力の持ち主で、熊と相撲をとったり、熊を馬にして乗り、他の動物たちを従えていた。その豪傑ぶりが都にも聞こえ、源頼光の家来となる。母の山姥と別れ、都に行った金太郎は、坂田金時と改め、頼光四天王の一人として活躍した。

＊おとぎ話には、なかなか実在の人物は出て来ない。「金太郎」は数少ない、実在の人物をモデルとした物語だ。坂田金時は源頼光の四天王の一人として、大江山の酒呑童子などの妖怪退治で活躍する。

母の山姥は妖怪ではなく、小田原あたりの遊女で、都人との間に金太郎をもうけ、いまでいうシングルマザーとなった。山姥と金太郎の別れは、常磐津などで歌われている。

かちかち山

登場人物＝狸、兎、爺、婆

《物語》 爺がいたずら者の狸を捕らえた。狸汁にして食おうと、梁に吊るしておいた。狸は爺の留守に、婆に同情を買うようなことを言い縄をゆるめさせると、婆を叩き殺し、婆の肉を鍋に入れた。帰って来た爺は鍋を食べる。「ババ食った、ババ食った」、狸ははやし立てた。最愛の妻を殺され、その汁を食わされた爺は悲観にくれる。

爺婆と仲がよかった兎は狸への復讐をはじめる。狸に薪を背負わせ火をつけ、巣で寝ている狸の背中に薬と偽り唐辛子を塗り、最後は狸を泥舟に乗せて湖に沈めて殺す。

＊コンプライアンス的に婆も殺されず、食われず、狸も殺されず、溺れさせられるだけで助けられ、最後は皆仲良しというのが最近の「かちかち山」らしい。

「かちかち山」では太宰治の小説がおもしろい。狸は中年男で、兎は少女。少女に翻弄される中年男。最後、湖に沈められる狸の「惚れたが悪いか」の言葉は衝撃的だ。

猿蟹合戦

登場人物＝猿、蟹、蟹の子供たち、臼、蜂、牛の糞、栗

《物語》 猿は柿の種、蟹はおむすびを持っていた。猿と蟹は交換する。蟹は柿の種を育て、立派な柿の木にする。すると猿が来て、柿の木に登り、柿を食べ始める。木の下で文句を言う蟹に、猿は柿をぶつけて殺す。蟹の子供たちは、臼、蜂、牛の糞、栗の助けを借り、親の仇を討つ。

＊これもコンプライアンスなんだろうか、蟹も殺されず、柿を食われたことへの復讐になっているものもある。牛の糞は出るバージョン、出ないバージョンがある。

北海道で活動している講談師の神田山陽の新作講談「七人の猿蟹侍」はパロディの傑作である。

一寸法師

登場人物＝一寸法師、父、母、貴族、姫、鬼

《物語》　ある夫婦が子供がなかなか出来ない。「たとえ指先ほどの小さな子供でもいいから、子供が欲しい」と神に祈ったら、ホントに指先ほどの小さな赤ん坊が生まれた。そのうち大きくなると思ったが大きくならず、一寸（三・三センチ）ほどの大きさで成人、一寸法師を名乗った。

一寸法師は母から、椀と箸をもらい、椀の舟に乗り箸の櫂で漕いで都へと行った。ある貴族の下僕となったが、貴族は一寸法師が小さくて面白いので大変にかわいがった。

ある日、一寸法師は姫の供で観音様に参詣に行った。そこへ鬼が出た。一寸法師は戦うも、鬼に丸呑みにされてしまう。しかし、一寸法師が腹の中で暴れたので、鬼は降参し、打ち出の小槌を置いて行った。姫が小槌をふると、一寸法師は立派な武士になった。

＊弱い立場の者が、強者を倒す話。また身分の低い男が、姫に見初められて立派な武士として取り立てられる話も、古今東西さまざまな形である。人間は努力でことを成し遂げられるという教訓もある一方、不具的コンプレックスや、身分の下位の男性が、上位の女性をモノにする快楽も、人間の性として存在する。

安寿と厨子王（山椒太夫）

登場人物＝判官正氏《はんがんまさうじ》、妻、安寿、厨子王、人買い、山椒大夫、三郎

《物語》　平判官正氏が筑紫に左遷されたため、妻子は正氏のもとへ向かうが、道中、人買いに騙され、子供の安寿と厨子王は、丹後の長者、山椒太夫に奴隷として売られる。過酷な生活の中、安寿と厨子王は脱走を決意、安寿は捕らわれて、山椒太夫の息子、三郎に責め殺される。厨子王は都に逃げ、やがて出世し丹後の国主となり、憎き山椒太夫一家を鋸曳きの刑にする。

＊説教節で伝えられた物語。中世から江戸時代までも、多くの人々に語り継がれた物語であった。森鷗外が小説にしている。説話をもとにしているが、山椒太夫は処刑されず、奴隷を労働者として賃金を払うことにしたため生産効率が上がり、山椒太夫の家はますます栄えた。近代の資本主義を背景にした創作といえよう。映画化もされている（監督・溝口健二、母玉木・田中絹代、厨子王・花柳喜章、安寿・香川京子、山椒太夫・進藤英太郎）。

平井澄子の新しい語り物「さんしょう太夫」（作・タカクラテル）では、厨子王は脱走後、奴隷たちの鎖を切り、奴隷たちが団結して山椒太夫を倒す。権力や資本家に対する革命をテーマにしている。

鶴女房（鶴の恩返し）

登場人物＝鶴、男、殿様

《物語》　鶴を助けた男のもとへ、鶴が女になって現われて女房になる。鶴は恩返しに、羽根を抜いて美しい布を織る。殿様に大金で買ってもらい、男は喜ぶ。鶴は「決してのぞかぬように」と言って機屋に入るが、不安に思った男はのぞいてしまい、女の正体が鶴だと知れる。鶴は男に別れを告げて去ってゆく。

＊狐や犬猫、人間以外のものが人間と夫婦となる物語は多くある。身分制度の厳しい時代に、他の階層、定住している農民などと、山の民や流浪の民との婚姻を描いたのかもしれない。渡り鳥の鶴だけに、流浪の民の女性なのかもしれない。

「鶴女房」は「鶴の恩返し」として、男の嫁になるのではなく、爺、婆の娘になるというのもある。または、男に父母、つまりは舅姑が存在し、男は純粋に鶴を愛している一方、舅姑が金に目がくらんでという作品もある。

「鶴女房」の派生作品では、木下順二の「夕鶴」が有名。山本安英が長く舞台を務めた他、團伊久磨・作曲でオペラにもなっている。他には、岡本文弥の新内「鶴女房」や、浪曲(脚本・大西信行、口演・澤順子)でも舞台に掛けられている。

花咲か爺さん

登場人物＝爺、婆、犬、強欲爺、強欲婆、殿様

《物語》爺、婆がいた。爺が山へ柴刈り、婆が川へ洗濯へ行き、婆は川上から流れて来た桃を拾った。家に持って帰って爺に見せると、なんとそれは桃ではなく犬だった。(なんなんだ、この話は)。爺と婆は犬を大事に育てた。するとある日、畑で犬が、「ここを掘れ」と吠えたので掘ったら、

金貨がたくさん出て来た。

近所の強欲爺と強欲婆が、犬を貸せと言う。貸したら、犬は「ここを掘れ」と吠えたので掘ったら、蛇や蛙や百足が出て来た。強欲爺は犬を殺した。犬を埋めたところに爺が差した柳の枝が、いつしか大木となった。爺はその大木で臼を作った。臼で餅を搗いたら、餅が金貨に変わった。また も強欲爺が無理矢理臼を借りて搗くと、餅が馬糞に変わった。強欲爺は臼を燃やした。

爺はその灰をもらい、木の上から撒くと、あたりは桜や梅が咲き乱れた。通り掛かった殿様が爺を褒め、大金をくれた。強欲爺も灰を撒くと、殿様の目に灰が入り、こっぴどく怒られた。
＊話は「人の真似をしてはいけない」と結ぶ。犬殺したり、臼燃やしたり、そのほうが悪い。強欲爺は殿様に怒られただけで済んだのか。

舌切雀

登場人物＝爺、婆、雀

《物語》爺と婆がいた。爺は山へ柴刈りに行き、雀を連れて帰った。爺、婆は雀を飼った。婆が川へ洗濯に行く時、婆は雀に炊いた糊の見張りを頼んだ。雀は腹が減っていたので糊を食べた。婆は怒り、雀の舌を切った。雀は山に逃げてしまった。

山から戻った爺は雀がいなくなったので悲しんだ。爺は雀の宿を訪ねて山へ行くと、竹藪の先に雀の宿があった。爺は歓迎され、ご馳走でもてなされ、土産に二つの葛籠を選べと言われる。爺は年寄りだからと、軽い葛籠をもらった。葛籠には金貨がいっぱい入っていた。婆は自分ももらって来ると言い、雀の宿へ行った。婆は重い葛籠をもらい、途中で開けると、中から蛇や蛙や百足が出て来て、婆を殺した。

＊太宰治は、爺が雀をかわいがるのを、愛人をかわいがっていると婆が嫉妬する話にしている。雀の宿という風俗店みたいなのが出て来る。

三年寝太郎

登場人物＝西の息子、母親、東のお大尽、東の娘

《物語》　ある所に二軒の屋敷が並んでいた。東の屋敷はお大尽、西の屋……家は貧乏人。西の家の息子はなまけもので、世間は彼のことを「くっちゃ寝」と呼んでいた。

息子が二十一歳の時、街へ行く母親に神主の衣装を買って来て欲しいと言った。母親は買い与えた。息子は東の屋敷の神棚に隠れ、夕食時、東の家の人たちが集まっているところへ飛び出して、自分は氏神だと言い、「ここの娘と西の息子を結婚させよ」と言って逃げる。

翌日、東のお大尽は、娘を嫁にもらって欲しいと母親に頼み、大工を寄越して西の家を立派な屋敷に建て替えた。西の息子と東の娘は末長く幸福に暮らした。

＊なんだろうこの話は。一生懸命働くよりも知恵を使え、という教訓かしらね。木下順二の芝居にも「三年寝太郎」はある。

雪女

登場人物＝おゆき／雪女、巳之吉、茂作、子供たち

《物語》 武蔵国のある村に、茂作と巳之吉という木こりがいた。冬の近いある日、山で仕事をし、遅くなった二人は、猟師が休む山の小屋に泊まった。その夜、雪女が現われ、茂作は殺された。巳之吉に雪女は、「お前は若くて美しい。だから、助けてやる。けれども今夜のことは決して誰にも言ってはならぬ。もし誰かに話したら、私はお前を殺す」と言って去った。

数年後、巳之吉はおゆきという美女を嫁にもらった。二人は仲睦まじく十人の子供を成した。何年かが過ぎた。おゆきはいつまでも美しかった。

ある夜、巳之吉はおゆきに、ふと、雪女の話をしてしまう。「とうとう話てしまったのね」。おゆきは雪女だった。おゆきは巳之吉を殺そうとするが、子供たちのことを考えて殺すことが出来ず、独り山へ帰ってゆく。

＊お話はラフカディオ・ハーン（小泉八雲）の「怪談」にあるが、似た話はたくさん伝えられている。

おゆきはなんで巳之吉に嫁したのか。巳之吉が秘密を話さないように監視するためではない。美しい巳之吉に惚れた。

では、何故雪女のことを誰にも言ってはいけないのか。これには諸説ある。その中の一つ、昔の貧しい村は、農閑期に若い男女が出稼ぎに行った。男は肉体労働、女は春をひさぐ淫売となる。東

北の寒村ではこんな女たちを雪女郎と呼んだ。おゆきはそんな雪女郎の一人ではなかったのか。そして、巳之吉は肉体労働の出稼ぎに行った男の一人だった。おゆきの知られたくない過去を知っていた巳之吉、その話は二人の間ではタブーだった。

葛の葉

登場人物＝安倍保名、葛の葉、童子／のちの安倍晴明

《物語》 安倍保名は河内国信太森で白狐を助ける。しばらくして葛の葉という美女が保名を訪ね、二人は恋に落ち、童子という子供を授かる。童子が5才の時、葛の葉が白狐だとわかり、「恋しくば尋ね来てみよ和泉なる信太森の怨み葛の葉」和歌を残して、白狐は童子を保名に託して森へ帰って行く。童子がのちの安倍晴明である。

＊「葛の葉」の話の他にも、人間と異界のものが恋に落ちる話はある。「鶴女房」のところでも書いた。狐狸は化けるのが得意であるから、山に住む特殊能力を持つ人たちを狐に例えた物語はたくさんある。

「葛の葉」は浄瑠璃では「蘆屋道満大内鑑《あしやどうまんおおうちかがみ》」、安倍晴明が母の白狐の妖力に助けられて、都を魔の陰謀から守る。

落語では「安兵衛狐（上方では天神山《てんじんやま》）」、源兵衛が幽霊を嫁にしたのをうらやんだ安兵衛は谷中（上方では天神山）へ行き、狩人に捕まっている狐を助ける。やがて、狐が礼に、女に化けて安兵衛

の嫁となるが、コーンと言う癖から長屋の住人に狐であることがわかってしまい、狐は出奔する。「葛の葉」伝説はいろいろな話に脚色されて今日まで伝えられている。

五条橋

登場人物＝牛若丸／のちの源義経、武蔵坊弁慶

《物語》時は平安末期。京の五条橋で侍ばかりを襲う盗賊がいた。盗賊の正体は、比叡山の僧兵だった武蔵坊弁慶、侍を倒し、刀を奪う。大薙刀を使い、他にも七つ道具を携えた豪傑。九百九十九本の刀を手に入れ、あと一本。そこへ、美少年の牛若丸が笛を吹きながら現われる。身軽な牛若丸は、弁慶を翻弄し倒す。弁慶は牛若丸の家来となり生涯の忠誠を誓った。牛若丸がのちの源義経である。

＊義経の伝説はあまたある。平治の戦さに敗れ、命を助けられたまだ幼い義経は鞍馬山に預けられる。そこで天狗から武芸と兵法を習った。

多くのエピソードの中でも、弁慶との出会いの五条橋は童謡にも歌われて、人気の名場面として伝えられている。

一休さん

登場人物＝一休宗純、足利義満、蜷川新右衛門

《物語》一休宗純は、後小松天皇の皇子だったが、世継ではないため、九歳の時、大徳寺に預けられた。聡明で頓智に優れた一休は足利義満に呼ばれて、頓智問答をすることになる。

＊小坊主の一休さんが頓智で事件を解決する物語はいろいろある。

一休は十九歳で大徳寺の住職となるが、その後も多くの逸話を残している。「門松は冥途の旅の一里塚……」、めでたい門松を「冥途の旅」と縁起悪く言う、一休の皮肉が込められている。

四　忠臣蔵

日本人が大好きな物語の一つに「忠臣蔵」がある。

「一七〇二年（元禄十五年）十二月十四日、元赤穂藩の浪人四十七人が、本所の旗本、吉良義央の屋敷を襲撃、家人二十八名を殺傷、当主義央を討ち取った事件」が講談、歌舞伎、そして、小説、映画、テレビドラマなどに取り上げられて、多くの人々を感動に導いた。

弱い立場（藩を失った浪人たち）が強い者（幕府の後盾のある旗本）に挑むことや、散りゆく者の美学（無念に散った殿様へ殉ずる忠誠心）、勧善懲悪（吉良を悪として）、そして、団結して戦うことで発揮する強さ、などが魅力だろう。それらは日露戦争の前後の日本人の心をゆさぶり、時代に応じてさまざまな解釈が加えられて今日まで人々に親しまれている。

近年、テレビドラマで「忠臣蔵」が作られず、その人気に翳りを見せているようにも思えるが、時代小説や歴史探求の題材には欠くことがない。

ここでは歌舞伎から映画、テレビドラマまで、「忠臣蔵」の名場面と言われる15のエピソードを紹介し、「忠臣蔵」について考えてみよう。

ちなみに「忠臣蔵」は人形浄瑠璃や歌舞伎の「仮名手本忠臣蔵」から呼ばれた。忠義の家臣の大石内蔵助という意味。講談では「赤穂義士伝」と呼ばれる。

《刃傷松の廊下》

登場人物＝浅野内匠頭長矩、吉良上野介義央、梶川与惣兵衛

物語の発端は、勅使饗応役の浅野長矩が、江戸城松乃廊下で、指南役の吉良義央に斬りつけた、いわゆる刃傷事件である。

人に斬りつけることが罪であるが、江戸城内で刀を抜いたとなると、これは幕府に刃をむけたことになる。お家断絶、切腹は必須。それがわかっていて、なんで刀を抜いたのか。

「堪忍袋の緒が切れた」、今でいう吉良の浅野に対するパワハラがあった、と言われている。それに我慢がならず刀を抜いた。武士のプライドを汚されたというが、何を言われてもされても、刀を抜いたら駄目でしょう。なのに抜いた。吉良もなんでパワハラなんかしたんだ。いろんな理由が錯綜する。

ちなみに、どんなパワハラがあったのか。「仮名手本忠臣蔵」の三段目におなじみの科白がある。

浅野は塩冶判官、吉良は高師直、時代を室町時代に置き換えている。

「かの鮒という奴は、わずか三尺か四尺の井の中を、天にも地にもないと心得、（中略）その鮒が、いや、こりゃ、判官殿が鮒に見えて来た。そう力んでいるところは、まさしく鮒だ。師直、この年齢になるまで鮒が裃つけて登城するのをはじめて見た。こりゃ、まるで鮒だ。鮒だ、鮒だ、鮒侍とは貴殿のことだ」

別に「鮒」くらい言われてもどうということもなかろうに。

このパワハラの原因も諸説ある。指南の謝礼が少なかった。いや、以前にも浅野は勅使饗応役を務めているので、指南役に謝礼を払うことくらい心得ているはず。講談では、浅野が相応の指南料を用意したのを、江戸家老が着服した、ということになっていたりする。

また近年言われているのが、赤穂の塩、製塩法を教えてほしいと吉良が言ったのを浅野が断わった。「仮名手本忠臣蔵」の浅野が塩冶になっているのは事件に「塩」が関係していることを示している、などとも言われている。

その「仮名手本忠臣蔵」では、師直が判官の妻、顔世に付け文（ラブレター）を書いたことが原因となっている。元禄の高家の吉良が、大名の奥方にラブレターを書くわけはないが、例えば、浅野の女中に吉良の好みがいて、「あの女をくれ」「いや、やれぬ」と言ったことがなかったとは言えない。女でなければ男、若衆だったかもしれないし、義央と長矩の間に何か関係があったとする説もあったりする。

とにかく長矩が刀を抜き、お家断絶、身は切腹、吉良は傷を負ったが死ぬことはなく、お家はそのまま。これが赤穂事件のきっかけとなった。

《田村邸の決別》
登場人物＝浅野長矩、片岡源五右衛門、田村右京太夫、大石内蔵助、大石主税
講談では、浅野長矩は田村右京太夫の屋敷の庭先で切腹。そのおり、右京太夫の情けで、赤穂藩士の片岡源五右衛門が別れを告げることが出来たことになっている。このおり長矩が「無念であったと、内蔵助に伝えてくれ」と言ったという。これは俗説で、切腹する罪人に、家来が目通りを許されることなどない。
「仮名手本忠臣蔵」では四段目になる。出もの止めと言って、感動の場面であるから客が舞台に集中出来るよう、入退場の出入りも出来ず、弁当や酒などを席に運ぶことも許されなかった。切腹直前、国より大星由良之助(大石内蔵助)が駆け付け、判官に別れを告げる。

《城明け渡し》
登場人物＝大石内蔵助、りく、大石主税、大野九郎兵衛、赤穂藩士たち、脇坂淡路守、八助／下僕、天野屋利兵衛
赤穂藩士の中には内匠頭の切腹が不服であると、城明け渡しの幕府軍と一戦交えて死のうという

考えの者たちもいた。出入り商人の天野屋利兵衛まで「弾薬運びの手伝いをする」と駆けつける。内蔵助は、内匠頭の仇討ちで吉良を討つことで自分たちの忠義を示そうと言い、藩士のうち五十余名がその意見に従い、藩士たちは城を出る。

明け渡しの使者、脇坂淡路守と内蔵助が話し合い、無事に城を明け渡す。

赤穂を去る内蔵助に下僕の八助が「必ず吉良をお討ちください」と言う。内蔵助は吉良を討つことは同士以外には隠していたはずなのに、下僕の八助にまで気付かれていた。この一言で、吉良を討つ心情を隠すのは並のことでは無理だと考える。

《山崎街道・勘平切腹》

登場人物＝勘平、斧定九郎／大野郡右衛門、与市兵衛／お軽の父、猪、原郷右衛門／原惣右衛門、千崎弥五郎／神崎与五郎、お軽、おかや／お軽の母

これは「仮名手本忠臣蔵」の名場面、五段目と六段目について紹介する。

刃傷事件の時、近侍の勘平と腰元のお軽は逢引(デート)をしていた。その時に事件が起きたので、二人は出奔し、お軽の実家に身を寄せる。勘平は狩人になるが、ある日、原郷右衛門、千崎弥五郎と会い、塩冶の浪人たちが師直の屋敷へ討ち入りを計画していることを知る。勘平は自分も義盟に加わりたいと懇願する。お軽は勘平のため、祇園に身を売り、軍資金を作る。

その金を持って山崎街道を行く与市兵衛は、盗賊の定九郎に殺され、金を奪われる。そこへ猪が

現われる。猪を追って来た勘平は鉄砲で誤って定九郎を射殺する。闇の中、倒れている死体、しかも手に大金。勘平はこれを持って帰宅する。

しばらくして、家には与市兵衛の死骸が運ばれて来る。勘平は自分が誤射したのが与市兵衛と思い、おかやにも責められ、切腹する。が、与市兵衛は斬り殺されていたので、勘平の疑いは晴れる。切腹する前になんで気付かないんだ。死んでゆく勘平に、原と千崎は連判状に名を記し、勘平も義士の一人に加える。

芝居では勘平は義士の一人となるが、勘違いで切腹して討ち入りに加わっていない。ようするに、大事な時にいつもドジを踏む駄目駄目男が勘平。さらには、盗賊の斧定九郎も、実は塩冶の元家老、斧九太夫の息子であった。「仮名手本忠臣蔵」は、大星たち忠臣たちだけの物語ではない。志半ばで命を失う勘平や、義盟に加わらず零落した定九郎、大星を裏切る九太夫ら、不忠義士たちの物語でもある。

「四段目」の判官切腹が前半の山場だけに、「五段目」は俗に弁当幕と言われていた。山賊と老人のやり取りという、魅力のない場面でお客さんも緊張せず休める、場合によっては弁当を食べる。そして、次が勘平の切腹と、また緊張感のある場面となる。十一段の長い物語を、見せ場や端場で、緩急をつけて構成されている。「仮名手本忠臣蔵」がよく出来た芝居なのである。

その端場の「五段目」が有名な場面になったのは、初代中村仲蔵が定九郎の演技を工夫したことにある。その様子は、落語「中村仲蔵」に描かれている。

落語の「五段目」と言えば、素人芝居で皆が勘平をやりたがり、勘平が舞台に三十六人並んで「観兵式」というマクラがある。観兵式なんて乃木将軍の時代のギャグだろうに、いまだに受ける。なんでだろう。

《大石放蕩》

登場人物＝大石内蔵助、村上喜剣、進藤源四郎、浮橋太夫

下僕の八助に見破られた討ち入りの意思。見破られないためにも大石は、徹底して腑抜け侍を演じることにする。京のはずれ、山科に居を構えた内蔵助は、祇園島原で放蕩三昧の日々を送る。

薩摩藩士の村上喜剣は、大石が吉良邸に討ち入るものと信じていた、大石ファンの一人だった。喜剣は大石の放蕩は敵を欺くための計略だと、「大刀は錆びつかせていても、真の武士はいつでも切腹出来るように小刀は研ぎ澄まされているものだ」と言う。

ある夜、食らい酔った内蔵助の小刀を抜いた喜剣は驚いた。赤錆だらけの小刀に食らい酔って涎を流している内蔵助。喜剣は激怒し、満座の中で内蔵助を罵倒し、殴る蹴る、反吐を吐きかけて怒った。

その後、喜剣は旅に出て、二年後に江戸へ来た。赤穂浪士が見事仇討ち本懐を遂げたと知り、己の言動を恥じ、泉岳寺に参り、内蔵助の墓前で切腹をした。

大石は放蕩し、芸妓たちからは「浮き様」と呼ばれ、地歌の作詞もしている。大石内蔵助作詞の

地歌「廓景色《さとげしき》」はいまでも演奏されている。

実際には祇園、島原で遊んだのではなく、住居の山科に近い撞木町で遊んでいたとも言われている。撞木町には安い淫売宿などが立ち並ぶ私娼街がある。放蕩しても、祇園、島原で豪遊したわけではなく、安価に遊んで腑抜けを演じていたようだ。真山青果の「元禄忠臣蔵」では撞木町が舞台となっている。

《大石妻子別れ》

登場人物＝大石内蔵助、りく、大石主税、吉千代、大三郎、るり、くう、内蔵助の母、お軽

放蕩の結末に、内蔵助は遊女のお軽を身請けし、妻子を離縁する。ここまでやって、敵の目を欺こうということらしい。講談、浪曲で描かれる名場面だ。

長男の主税を残し、妻と四人の子、さらには自分の実母までも罵倒し、妻の実家、但馬の石束家に送る。

のちに、吉千代は出家、大三郎は大石家を継ぎ浅野本家に仕官、るりは早世、くうは浅野の分家、浅野監物に嫁いだ。

《神崎東下り》

登場人物＝神崎与五郎、丑五郎

討ち入りのため、赤穂浪人たちが江戸へと向かう。しかし、江戸に下ることを敵に知られてはならない。だから、道中に揉め事は厳禁なのだ。

神崎与五郎は箱根山で、馬喰の丑五郎に因縁をつけられる。無礼討ちにしてもよいのだが、司直の調べを受ければ赤穂の浪人が江戸に下ったことがおおやけになるので、我慢して詫び証文を書く。

講談は詫び証文だが、大衆演劇などではビジュアル的に面白くしようと、神崎が丑五郎に土下座させられたり、股の下をくぐらされたりする。韓信の股くぐりの故事に習った。

これが喜劇になると、若い女の子が丑五郎を演じて、ギャップで笑いをとったりし、股くぐりのところでは、神崎役の役者が喜んだりする。

講談には類似話はいくつかあり、吉田沢右衛門は大井川で川人足と揉めたのを、女親分に助けられる。沢右衛門が色男だったため、女親分のほのかな恋心も描かれる。

《岡野金右衛門、恋の絵図面》

登場人物＝岡野金右衛門、お艶、吉田忠左衛門、神崎与五郎、大工・平九郎

岡野金右衛門は養父が急死し、二十四歳の若さで単身、義盟に加わった。江戸に出て、吉田忠左衛門らとともに住む。講談では、吉田が町人に化けて経営する酒屋の手代となる。

酒を買いに来るお艶という女性が金右衛門に惚れている。お艶はなんと、吉良邸の修繕をした大工の平九郎の娘だった。金右衛門はお艶に近付き、絵図面を盗み出す。

「赤穂義士伝」の中でも色っぽい場面。お艶を騙す金右衛門の葛藤などが描かれる。

《大石東下り》

登場人物＝大石内蔵助、垣見左内／立花左近、進藤源四郎、宿役人

いよいよ大石内蔵助が江戸に下ることとなる。進藤源四郎の差配で、関白の近衛家の家臣、垣見左内（または立花左近）と名を偽り東海道を下る。荷物の中には武器も入っているが、関白の家臣の荷物は関所でも改められることはない。

だが道中、なんと本物の垣見左内と出会ってしまう。偽物を大石内蔵助と知った垣見左内がどうするのか。男と男の腹試合が見もの、映画などでは大物俳優が垣見を演じ大石と対峙する名場面。

《南部坂雪の別れ》

登場人物＝大石内蔵助、瑶泉院、戸田局、寺坂吉右衛門

元禄十五年十二月十四日の昼、内蔵助は赤坂・南部坂にある三次浅野家を訪ねる。ここには内匠頭の正室、瑶泉院がいる。秘かに別れを告げに立ち寄った内蔵助は、内匠頭の位牌に、四十七士の連判状を供える。

「御納戸羅紗の長合羽、爪掛けなした片足駄……」、桃中軒雲右衛門の浪曲でもおなじみの名場面。

《煤竹売り》

登場人物＝大高源吾、宝井其角、服部嵐雪、鯉屋杉風、松浦卜賀

十二月十三日、吉良邸を探る最後と、大高源吾は煤竹売りに化け出掛けると、なんと旧知の俳人、宝井其角と両国橋で会ってしまう。源吾が落ちぶれていると思い羽織を与える其角の情け、そうじゃないんだ、最後に連句で討ち入りが明日だと告げる源吾の武士の意地……、そして、討ち入りを知った其角はどうするのか。

「笹や笹」と煤竹売りの節で、明治時代、吉田奈良丸の浪曲が一世風靡した。

歌舞伎では「義士伝」のスピンオフ「松浦の太鼓」で上演される。

《徳利の別れ》

登場人物＝赤垣源蔵、鹽山伊左衛門、まき／伊左衛門の妻、すぎ／女中、常平／下僕

十二月十四日の昼、赤垣源蔵は、実の兄、鹽山伊左衛門を訪ねる。しかし、伊左衛門は留守。源蔵は女中のすぎに伊左衛門の紋服を衣文掛けに掛けて出すよう命じ、持参の貧乏徳利に入った酒で、兄の紋服と別れの盃を酌み交わす。

講談、浪曲でおなじみの話。翌日、義士討ち入りを知った伊左衛門、伊達家で休息の義士の話を聞き、下僕の常平を見に行かせ、源蔵がいたら大きな声で告げ、いなかったら、そっとわしにだけ告げよというケレンの件もあったりする。

《俵星玄蕃》

登場人物＝俵星玄蕃、杉野十平次、大石内蔵助

赤穂浪士の杉野十平次は蕎麦屋に化けて吉良邸を探っている途中、本所横網町に住む槍術師範、俵星玄蕃と親しくなる。玄蕃は十平次を武士と見抜き、もしや赤穂の浪人ではと思い、槍の秘術を見せる。討ち入りの夜、玄蕃は助太刀に駆け付け、十平次と再会する。

講談にもあるエピソードだが、なんと言っても三波春夫の歌謡浪曲「元禄名槍祖譜、俵星玄蕃」(作詞・北村桃児、作曲・長津義司)でおなじみ。壮大に歌い上げる三波の歌唱と、間に入る浪曲が感動を呼ぶ。三波亡き後も、三山ひろしや、島津亜矢、柳亭市馬らが歌い継いでいる。

《天野屋利兵衛》

登場人物＝天野屋利兵衛、松野河内守、芳松／利兵衛の息子、その／利兵衛の妻、藤助／職人、大石内蔵助

大石内蔵助は天野屋利兵衛に、夜討ちの道具十三品の製造を依頼する。利兵衛は藤助ら職人に高額の報酬で依頼し、口外無用と念を押すが、藤助が自分の作ったものが禁制の武器と知り、奉行所に訴える。利兵衛は捕らわれ、松野河内守の尋問を受けるが、誰に頼まれたのか答えない。河内守はこの上は利兵衛の子供の芳松を火責め水責めの拷問に掛けると脅す。

「仮名手本忠臣蔵」では十段目、天河屋儀平になる。「仮名手本」では夜討ちの道具を頼んだもの

の、儀平が町人ゆえ信用できないと思った由良之助が、義士たちを役人に化けさせて、責めさせたという。なんか素直に楽しめない話になっている。だが、これも、大義の無益さを物語っているとしたら、「仮名手本」の闇は深い。

講談では、松野河内守が真実を知ったため、利兵衛の取り調べを止め、討ち入りのあと、利兵衛がすべてを告白する。浪曲では初代春日井梅鶯でおなじみ。

《二度目の清書き》

登場人物＝大石内蔵助、寺坂吉右衛門、石束源五兵衛、りく、大石主税、吉千代、大三郎、るり、くう、内蔵助の母

大石内蔵助は、吉田忠左衛門の家臣である寺坂吉右衛門(義士に加わったが、浅野長矩直属の家臣ではない)に、泉岳寺引き上げの列から離脱し、瑶泉院、大石の妻の実家の但馬石束家、そして、広島の浅野本家にいる長矩の弟、大学への討ち入りの報告を命令する。

寺坂が石束家で語る討ち入りの様子が、講談では討ち入りの場面となる。

討ち入りのあとの話を加える。

赤穂義士は泉岳寺に引き上げ、長矩の墓前に吉良義央の首を供えた。その後は泉岳寺に待機し、細川、伊予の松平、毛利、水野の四家にお預けになり、寺坂吉右衛門をのぞく四十六人は切腹とな

る。細川家に調べに来た目付に対し内蔵助は、「公儀に恨みはない」「芸州浅野家は関係がない」ことを申し開きする。

また、「元禄忠臣蔵」では、磯貝十郎左衛門の恋人が男装して別れを告げに来るエピソードもある。浅野家はのちに、長矩の弟、大学により旗本として再興された。一方の吉良家は、義央の養子、義周は薙刀を手に戦うも乱戦の中、気を失う。そのために、諏訪に流罪となる。従う家臣は、上杉からの付け人で、やはり乱戦の中、生き残った山吉新八郎と、討ち入りの時、犬の通り穴より脱出し、上杉家に走った左右田孫兵衛のわずか二名だった。

五　歌舞伎の名作

江戸時代の庶民は、誰でも、歌舞伎のストーリーや名科白を知っていた。「煙管の雨が降るようだ」などの名科白は、今でいう流行語として親しまれていた。

江戸庶民におなじみの歌舞伎から、厳選して十五作品を解説する。

助六（助六由縁江戸桜）

主な登場人物＝花川戸助六／実は曾我五郎、遊女・揚巻、髭の意休／実は伊賀平内左衛門、白酒売り／実は曾我十郎、母・満江

《物語》吉原でモテモテ男の助六は実は曾我五郎、源氏の宝刀を探して吉原通いを続けている。遊女・揚巻に執心の髭の意休が宝刀を持っているのではと思った助六はわざと喧嘩をふっかけて、刀を抜かそうとする。実は意休は平家の残党、伊賀平内左衛門で、助六に源氏を裏切るようそそのかす。

＊市川團十郎家に伝わる「歌舞伎十八番」の代表作品。吉原の三浦屋格子先の一場面で、数々のエピソードが展開する。助六は、江戸っ子がカッコイイと感じるあらゆるキャラクターを供えていて、江戸っ子の憧れでもあった。

ちなみに、歌舞伎十八番は「助六」「勧進帳」「暫《しばらく》」「外郎売り《ういろううり》」「鳴神」「毛抜き」「雷神不動北山桜」「景清」「不動」「解脱」「関羽」「象引」「七つ面」「嫐」「蛇柳」「鎌髭」「不破」「押戻」。おなじみは「勧進帳」「助六」「暫」で、「外郎売り」「鳴神」「毛抜き」もよく上演されるが、他は上演回数も少なく、中にはどんな芝居かわからないものもある。

名科白「煙管の雨が降るようだ」「この鉢巻のご不審か」「鼻の穴に屋形船蹴込むぞ」

勧進帳

主な登場人物＝武蔵坊弁慶、富樫、源義経、亀井六郎、片岡七郎、伊勢三郎、駿河次郎

《物語》源義経は、兄、頼朝と不仲となり、奥州へ逃れる道中、安宅の関所を通る。義経一行は山伏に化けているが、関守の富樫は不審に思う。弁慶が自分たちは偽りなき山伏であると弁明、義

経一行は虎口を脱出できるのか。

＊歌舞伎の中でも上演頻度の高い作品。もとは能の「安宅」。弁慶、富樫のやりとり、弁慶が勧進帳を読むところ、弁慶の最後の飛び六法と、見せ場も多い。芝居中に流れる、長唄「勧進帳」も名曲である。

名科白「何と、勧進帳を読めと仰せ候や」「憎し、憎し、憎し」「もったいなや、もったいなや」

曽根崎心中

主な登場人物＝徳兵衛、お初、油屋九平次、久右衛門／徳兵衛の叔父

《物語》醤油屋の手代の徳兵衛と遊女のお初は互いに想い合う仲だが、徳兵衛には身請けの金はない。お初に岡惚れの九平次は徳兵衛を騙して無実の罪を着せる。徳兵衛はお初にかくまわれるが、そこへ九平次が来て、徳兵衛の悪口を並べる。お初と徳兵衛は心中の決意をし、曽根崎の森へ行く。

＊近松門左衛門・作。もとは人形浄瑠璃。近松が最初に書いた心中もので、実際の事件を題材にしている。

近松の浄瑠璃台本は、「心中天網島」「恋飛脚大和往来」「女殺し油地獄」などが歌舞伎化され上演されている。

名科白「あれ数えれば暁の、七つの鐘を六つ聞いて」「残る一つが今生の、鐘の響きの聞きおさめ」

平家女護島

主な登場人物＝俊寛、丹波少将成経、平判官康頼、千鳥、瀬尾太郎

《物語》平家打倒のクーデターに失敗した、俊寛、成経、康頼は南の孤島、鬼界ヶ島に流罪になった。そこへ赦免の船が来るが、赦免状は成経、康頼だけで、俊寛の名がない。一人とり残される俊寛。一方、成経は島の娘千鳥と恋仲だったが、赦免の役人、瀬尾太郎は千鳥を船には載せられないと言う。

＊近松門左衛門・作。これも人形浄瑠璃の歌舞伎化。

近松は心中ものだけでなく、「国姓爺合戦」「出世景清」など、歴史ものも多く書いている。「平家物語」の俊寛の物語に、成経と千鳥の話も絡ませるあたりが、近松ゆえの巧みな劇作、ドラマチックな面白さであろう。

義経千本桜

主な登場人物＝源義経、平知盛、静御前、武蔵坊弁慶、佐藤忠信、川越太郎、亀井六郎、片岡七郎、伊勢三郎、駿河次郎、卿の君、典侍局、いがみの権太、小せん／権太の女房、小金吾／平惟盛の家来、鮨屋弥左衛門、弥左衛門の女房、お里／弥左衛門の娘、弥助／鮨屋奉公人、梶原景時、河連法眼、源九郎狐、安徳天皇

《物語》源義経が兄、頼朝と不仲となり、都から逃れるに当たっての、静御前との別れなどの

数々のエピソード、さらには壇ノ浦の戦いで、平知盛が生き延びていて、再度、義経に戦いを挑むパラレルワールド的ストーリー、いがみの権太が活躍する「鮨屋の場」も物語を盛り上げる。そして、吉野山での静御前と、鼓になった母を慕う源九郎狐の話は、桜満開の吉野山が舞台な夢物語が展開する。

＊二代目竹田出雲、並木千柳、三好松洛の合作。「仮名手本忠臣蔵」「菅原伝授手習鑑」と並ぶ三大浄瑠璃と言われる大作の歌舞伎化。実は知盛や安徳天皇が生きていて、町人に化けて、安徳天皇は女の子のふりをして、義経に再戦を挑む用意をしていたり、ストーリーがかなりブッ飛んでいて面白い。知盛の碇を体に巻いての入水はカッコいい。いがみの権太の場面は泣かせる。吉野山での静御前と源九郎狐の華麗な美しさなど見どころも豊富である。

名科白「父つぁん、父つぁん、そのお悔やみは御無用、御無用、常が常なら梶原が、身代わり食っちゃ帰りますすめえ」

菅原伝授手習鑑

主な登場人物＝菅丞相／菅原道真、藤原時平、松王丸、梅王丸、桜丸、刈谷姫、菅秀才、武部源蔵、戸浪／源蔵の妻、千代／松王丸の妻、小太郎／松王丸の息子、八重／桜丸の妻、涎《よだれ》くり、四郎九郎／松王丸・梅王丸・桜丸の父

《物語》　時は平安時代。菅原道真と藤原時平の権力争いを描く。中で、松王丸、梅王丸、桜丸の

三兄弟、松王丸は時平の家来、梅王丸、桜丸は道真の家来で、それぞれの葛藤が描かれる。有名な場面は「寺子屋」。道真の子、菅秀才に時平の手が迫る。道真に恩のある寺子屋の先生、武部源蔵は寺子屋の子供の中から、秀才の身代わりの首を刎ねて時平の追手を誤魔化そうと考える。

＊二代目竹田出雲、並木千柳、三好松洛の合作。三大浄瑠璃と言われる大作の歌舞伎化。「寺子屋」がもっともよく上演されている。

名科白「せまじきものは宮仕え」「こら女房、にっこり笑うたといやい、うははは、おう、出かした、出かしおりやした、利口なヤツ、立派なヤツ、健気なヤツや九つで、親に代わって恩送り、お役にたつは孝行者」

新版歌祭文（お染久松）

主な登場人物＝久松、お染、お光、久作／久松の父

《物語》「野崎村の段」がよく上演される。油屋のお嬢様、お染は丁稚の久松と身分違いの恋。久松は野崎村の実家に帰される。久松の父、久作は、久松と、後妻の娘、お光を結婚させようとする。そこへ、お染が久松を追って来る。愛し合うお染と久松のことを知ったお光は久松を諦めて尼になる。やがて、お染は舟、久松は駕籠で大坂へ戻る。この時、野崎という三味線が絢爛に二人を送り出す。

＊近松半二・作。近松半二は近松門左衛門に憧れて「近松」を名乗った。

「お染久松」は実際に起ったいくつかの心中事件を題材に作られた浄瑠璃の歌舞伎化。「野崎村の段」は半二の創作と言われている。お染のお嬢様の暴走もだが、久松を諦めるお光が主役とも言える。久松は元武士で、宝刀を探して丁稚をしていたが、悪人の奸計にはまり、お染と心中する展開になる。

名科白「嬉しかったはたったの半刻」(お光)

楼門五三桐

主な登場人物＝石川五右衛門、真柴久吉

《物語》天下を狙う大悪党の石川五右衛門が南禅寺の楼門の上で昼寝をしている。五右衛門の養父は武智光秀(明智光秀)、そこへ鷹が飛んで来て、咥えていた手紙から、実父が明国の宋蘇卿(宋素卿)であることが知れる。なんと真柴久吉(豊臣秀吉)は養父、実父の仇だった。

＊南禅寺山門の場が、短いがスケールのでかい見応えのある場面で、度々上演されている。

名科白「絶景かな、絶景かな」「春の眺めは値千金とは小さな例え、この五右衛門の目からは万両」「石川や浜の真砂は尽きぬとも世に盗人の種は尽きまじ」「巡礼に御報謝」

京鹿子娘道成寺

主な登場人物＝白拍子花子／実は清姫、所化大勢

《物語》　道成寺の安珍・清姫伝説を題材にした作品。かつて清姫のために焼かれた道成寺の鐘が新たに奉納された。女人禁制だった道成寺にやって来た一人の白拍子、所化たちに望まれて舞うに、清姫の化身で正体をあらわす。
＊ほぼ白拍子の一人舞踊劇。能の「道成寺」が題材。

伽羅先代萩

主な登場人物＝仁木弾正、足利頼兼、鶴千代、政岡／鶴千代乳母、千松／政岡の息子、荒獅子男之助、八汐／弾正妹、沖の井、松島、絹川谷蔵／力士、渡辺外記、渡辺民部、山中鹿之助、笹野才蔵、黒沢官蔵、山名宗全、栄御前／山名の奥方、細川勝元
《物語》　奥州足利家のお家騒動を描く。お家横領を企む仁木弾正、妹の八汐に、その後立ての山名宗全、対するは幼い若君鶴千代を守って戦う、乳母政岡や、荒獅子男之助、老臣、渡辺外記ら。「御殿の場」では、鶴千代毒殺を計る悪者たちに、政岡は息子の千松を身代わりにして守り抜く。鼠に化けた弾正と、床下で鶴千代の護衛をしていた男之助との対決もある。
＊伊達騒動が題材。仁木弾正は伊達家横領を企んだ原田甲斐。政岡、男之助らにもそれぞれモデルがいる。
講談では「伊達誠忠録」、原田甲斐を主役にした、山本周五郎「樅木は残った」でも知られる。
名科白「腹がすいても、ひもじゅうはない」「あら、妖しやなぁ」

天竺徳兵衛韓噺

主な登場人物＝天竺徳兵衛／実は明国の高官木曽官の息子大日丸、吉岡宗観／実は木曽官、細川政元、斯波義照、笹野才蔵

《物語》　蝦蟇の妖術で天下を狙う悪党、天竺徳兵衛の活躍。徳兵衛は宗観より、明国の高官の息子であると聞かされ、妖術を授けられる。そして、日本転覆を企む。

＊それまでも天竺徳兵衛を描いた作品は多くあったが、鶴屋南北・作の「天竺徳兵衛韓噺」が決定版となる。蝦蟇蛙がたくさん出て来たり、ケレンの味わい豊富な作品。もともとは敵は真柴久吉（豊臣秀吉）で、徳兵衛は伏見城を海に沈めてしまったり、大スペクタクルな芝居。

東海道四谷怪談

主な登場人物＝民谷伊右衛門、お岩、お袖、直助権兵衛、佐藤与茂七／塩冶の家臣・お袖の夫、四谷左門／お岩・お袖の父、伊藤喜兵衛／高家の重臣、お梅／喜兵衛の孫娘、奥田庄三郎／塩冶の家臣、小仏小平／小汐田又之丞の下僕、宅悦、お熊／伊右衛門の母、近藤源四郎／塩冶の元重臣、小林平内／高家の家臣

《物語》　塩冶の家臣、民谷伊右衛門は公金を横領していたが藩が潰れたため露見せずに済んだ。自分の出世を企み、高家の重臣、伊藤喜兵衛の孫娘、お梅に見初められたのが幸い、喜兵衛と計り、女房のお岩に劇薬を飲ませて顔を崩したため、お岩は伊右衛門と喜兵衛を呪って死ぬ。伊右衛門は、

主人のため薬をもらいに来た小仏小平を殺し、お岩と不義を働いたことにする。伊右衛門とお梅の婚礼の晩、お岩と小平の幽霊が現われ、伊右衛門は喜兵衛一家を殺害、どんどん追い込まれてゆく。

＊鶴屋南北・作。怪談の傑作。もともとある怪談噺に「仮名手本忠臣蔵」を合体、怪談と「忠臣蔵」、表裏の物語とした。民谷伊右衛門を不忠義士として描き、自身の出世のため、舅を殺し、仇討ちをしようとしている仲間たちも裏切り、そして妻を裏切る。しかもいい男。ダークヒーローの決定版である。髪すきの場面、戸板返しや、蛍の場面など、見せ場も豊富。

名科白「一念通さでおくべきか」「薬をくだされ」

お富与三郎（与話情浮名横櫛）

主な登場人物＝与三郎、お富、蝙蝠安、赤間源左衛門、和泉屋多左衛門

《物語》伊豆屋の若旦那、与三郎は木更津のやくざ、赤間源左衛門の妾、お富とわりない仲になる。しかし、源左衛門に見付かり、お富は身投げをし、与三郎は源左衛門に体中を切り刻まれる。美男子の与三郎が顔に傷がある。美の中の醜が美を際立たせる。

三年後、江戸に戻った与三郎は、やくざ仲間と付き合うようになる。そして、お富が生きていたことを知る。お富は玄冶店で妾として生きていた。与三郎は蝙蝠安とお富を強請りに行く。

＊瀬川如皐・作。「玄冶店」の場面がおなじみの名作。

もともとは人情噺。このあと、与三郎は坊主富という小悪党を殺し、立派な悪党となる。その後、

佐渡ヶ島に流罪になるが島抜けし、赤間源左衛門を殺し、品川でお富と再会する。

昭和になり、歌謡曲で「お富さん」(作詞・山崎正、作曲・渡久知政信)を春日八郎が歌い大ヒット。「死んだはずだよ、お富さん」の歌詞が流行語になる。

名科白「しがねえ恋の情が仇、命の綱の切れたのを、どうとりとめてか木更津から、めぐる月日は三歳越し」「いやさ、お富、久しぶりだなぁ」

髪結新三(梅雨小袖昔八丈)

主な登場人物＝髪結新三、お熊／白子屋の娘、忠七／白子屋の手代、弥太五郎源七、家主太郎兵衛、勝奴、お常／白子屋女主人、車力善八、大岡越前守
《物語》 白子屋の娘、お熊と手代の忠七はわりない仲、髪結新三の手引きで駆け落ちするが、新三は忠七を蹴飛ばして、お熊を拉致する。白子屋はやくざの弥太五郎源七を、新三との掛け合いに行かせるが、新三は弥太五郎源七に煮え湯を飲ませて追い返す。新三の長屋の家主が間に入り、お熊は白子屋へ戻る。収まらない弥太五郎源七は新三を殺し、大岡越前守の裁きを受ける。
＊河竹黙阿弥・作。享保の頃、お熊が亭主の丈八を殺害未遂して処刑された事件を題材に作られた。タイトルの「昔八丈」は処刑される時のお熊が黄八丈を着ていたから。
新三の江戸っ子な小悪党ぶり、啖呵でやくざをやり込めるところが爽快。

この作品を題材にした映画「人情紙風船」(監督・山中貞雄、新三・中村翫右衛門、昭和十二年)

は至極の名作。

名科白「普段は帳場まわりの髪結だ」「覚えはねえと白張りの、しらを切ったる番傘で、背骨抜くから覚悟しろ」(新三)、「鰹の半身はもらってゆくぞ」(家主)

白浪五人男(青砥稿花紅彩色)

主な登場人物＝日本駄右衛門、弁天小僧菊之助、忠信利平、赤星十左、南郷力丸、浜松屋幸兵衛、青砥藤綱

《物語》　日本駄右衛門を首領とする盗賊一味の活躍を描く。呉服屋浜松屋にお嬢様に化けた弁天小僧と従者に化けた南郷力丸が来て、強請を働く。たまたま居合わせた武士が、お嬢様を男と見抜く。武士は実は日本駄右衛門で、その夜、一味は浜松屋を襲う。やがて捕吏に追われることとなった五人は、稲瀬川で青砥藤綱率いる捕吏に囲まれる。

＊河竹黙阿弥・作。浜松屋の場と、稲瀬川の勢ぞろいがよく上演される。傘を手に花道から現われる五人が、捕吏たちを前に名乗りを上げるところが名場面。

名科白(五人の名乗りがそれぞれ名科白)「問われて名乗るもおこがましいが、生まれは遠州浜松在……」ではじまる日本駄右衛門、「さて、その次は江の島の岩本院の稚児あがり……」ではじまる弁天小僧、「続いて次に控えしは、月の武蔵の江戸育ち……」と忠信、「またその次につらなるは、以前は武家の中小姓……」と赤星、「さてどんじりに控えしは……」で南郷力丸が名乗る。浜松屋

では「知らざぁ言って聞かせやしょう」（弁天）などもある。

第三章　講談・小説・漫画が原作のヒーローたち

歴史の授業には出て来ないが、一昔前は日本人なら誰でも知っていたヒーローたちがいた。講談、映画、そして、テレビ時代劇で、彼らは日本人の間に浸透していた……はずだった。テレビ時代劇があまり製作されなくなり、忘れ去られつつある巷間のヒーローたち。ここでは、そんな彼らを紹介し、彼らが何故、日本人に愛されていたのかを考えてみたい。

一　剣豪の活躍

ヒーローと言えば、強くなくてはならない。日本では戦国時代から江戸時代初期、多くの剣豪が活躍した。剣豪は名勝負を繰り広げたり、旅したり、さまざまな活躍をした。

宮本武蔵

宮本武蔵は実在の人物。一五八四〜一六四五年。右手に二尺八寸の長刀、左手に一尺八寸の小刀を持つ二天一流を編み出した。六十以上の試合をし、無敗だという。兵法書「五輪書」などを著わした。佐々木巌流（小次郎）と船島（現在の山口県）での戦いが知られている。敗れた佐々木巌流の名から、船島は巌流島と呼ばれるようになった。

講談「寛政宮本武蔵伝」で生涯が綴られている。姫路城で妖怪退治をしたりもしている。しかし現在では、吉川英治の小説のほうが一般的になっている。佐々木巌流は講談では卑怯な敵役として登場するが、物干し棹と呼ばれる長刀を使う美剣士のイメージになっているのは、小説や映画の影響が大きい。

その他の小説では、山本周五郎「豫譲《よじょう》」に晩年の武蔵が登場する。剣豪ゆえの追い詰められる弱さを見せている。

映画も数多く作られているが、「宮本武蔵」（監督・内田吐夢、一九六一〜六五年）が五部作で作られ、中村錦之助（萬屋錦之介）の武蔵と、高倉健の小次郎が最後に名勝負を見せる。

柳生十兵衛

柳生十兵衛は、柳生宗矩の長男。一六〇七〜五〇年。講談では「柳生三代記」で綴られる。

父の柳生宗矩は大和柳生の里の郷士だったが、徳川家康に仕え、大名にまでなった。柳生新陰流を編み出した。実際に大坂夏の陣の時、秀忠に迫った敵七人を一刀で倒したという。

十兵衛は剣の道にのめりこみ過ぎ、剣以外のことが考えられなくなる一種の発達障害だった模様。柳生の里で養生し健康を取り戻すが、柳生家を継ぐことなく、天海の命令で諸国をまわり隠密活動をした。

講談をもとに、漫遊や、隠密で謀反の諸大名の悪を暴いたり、数々の敵との戦いが、小説、映画、テレビドラマで描かれた。片目に眼帯をつけ、長い刀で派手なアクションを見せる千葉真一の十兵衛は、映画、テレビでおなじみ。古い映画では、近衛十四郎も見事な殺陣を見せている。

映画「柳生一族の陰謀」(監督・深作欣二、一九七八年)、十兵衛(千葉)と烏丸少将(成田三樹夫)、「魔界転生」(監督・深作、一九八一年)では十兵衛(千葉)が、生き返った宝蔵院胤栄(室田日出男)、宮本武蔵(緒形拳)、宗矩(若山富三郎)らと戦ったりもする。

山田風太郎「魔界転生」はじめ、忍法ものでもおなじみのキャラクターである。

荒木又右衛門

荒木又右衛門(一五九九〜一六三八年)は、鍵屋の辻の仇討ちで、敵の用心棒三十六人を斬った、という話で有名。実は三人しか斬っていなかった(三人だってスゴイ)のが、大正〜昭和の無声映画時代に、三人じゃ映像として面白くないからと、三人が六人、六人が十二人とどんどん増えていった。弁士の口上を聞いた講談師もどんどん増やしていき、映画も講談も三十六人くらいのところで落ち着いた。講談では、柳生十兵衛から新陰流を習ったとなっている。

鍵屋の辻の仇討ちとは、岡山池田家の臣、渡辺数馬が父の仇の河合又五郎を討った事件。荒木又右衛門は数馬の助太刀である。又右衛門は姫路本多家の臣。妻の父、渡辺靭負が河合又五郎に殺された。靭負の息子、数馬は仇討ちを志すが、又五郎は旗本、阿部四郎五郎の屋敷に匿われる。池田家と旗本衆の対立になることを避けようと、松平伊豆守が間に入り、池田家は退いたので、数馬は一人で仇討ちをしなくてはならなくなる。阿部は又五郎を九州の知行地に逃がして、ことを終わらせようと、槍術師範の桜井甚左衛門ら三十六人の用心棒を護衛に旅立たせる。数馬は道中、又五郎を襲うしかなく、又右衛門に助太刀を頼む。以上が講談の物語。錦城斎典山がまとめた「伊賀の水月」が定本。仇討ちが行われたのは一六三四(寛永十一年)十一月七日。

講談では他にも、又右衛門が十兵衛より学んだ秘伝を、十兵衛の弟、又十郎に教える「奉書試合」などがある。

塚原卜伝

塚原卜伝は、剣聖と言われた剣客。一四八九〜一五七一年。宮本武蔵との鍋蓋試合で知られているが、武蔵は卜伝の没後に生まれているので、この試合は講談の創作。

鍋蓋試合とは、剣に悩んだ武蔵が、隠棲している卜伝を訪ねる。卜伝は飯をふるまい、「隙があったらいつでも打ち込んで来い」と言う。隙だらけの老人だが、ここぞと思う時に武蔵が打ち込むと、卜伝は鍋の蓋で武蔵の木剣を受けた。その後、天狗昇飛斬の術（相手の攻撃をジャンプでよけ、そのまま相手の脳天に一撃し倒す）を伝授する。

卜伝は常陸の郷士の息子で、親の仇を探して諸国を旅する。旅の途中、無手勝流という技を会得する。琵琶湖を行く舟の中、無頼に絡まれた卜伝は、話術で無頼を琵琶湖の島に置き去りにした。戦わずして勝つ、無手勝流である。落語「巌流島」では、佐々木巌流の技になっている。

岩見重太郎

安土桃山時代から江戸時代初期の武芸者。狒々退治が有名。講談では、武者修行の旅の途中、父が殺されたことを知る。仇を探して旅する途中、信州大町で、狒々二頭を退治する。狒々ってなんだ？　猿の化け物、キングコングミニみたいな奴。やがて仇と出会うが、丹後宮津の中村家に匿われたため。中村家三千の兵と戦うこととなる。逸話の多くが伝説。大坂の陣で豊臣方につき、後藤又兵衛、真田幸村らとともに戦うが、討ち死にする。

小説「豪傑岩見重太郎」（著・稲田和浩、祥伝社文庫）で、その半生を綴っている。

二　侠客伝〜アウトローのヒーローたち

現代では、ヤクザは反社会勢力、ヤクザだっていうだけで犯罪である。アウトロー、まさにロー

（法律）からアウトした存在になる。しかし、かつてアウトロー、ヤクザがヒーローだった時代があった。

いや、考えてみたら、わかる。ロー（法律）ってなんだという話だ。江戸時代は武家社会。つまり、法律は武士のためにあった。百姓、町人は搾取されていた。だから、武家社会の掟をぶち破り、百姓、町人のために戦うヤクザもいた。義理と人情、任侠道を生きる。そんなヤクザはヒーローになり、物語で語られた。まぁ、昔のヤクザもたいていは、権力に媚びて、弱い者いじめをしていたんだろうけれど。

国定忠治

「弱きを助け強きを挫く、真の侠客」「国定忠治は鬼より怖い、ニッコリ笑って人を斬る」どっちが真実の忠治なのか。

国定忠治は実在の人物。江戸後期の博徒。一八一〇〜五一年。講談では、天保の飢饉の時、太田、呑竜寺の米蔵を襲い、近隣の貧しい人たちに配った。そして、悪辣な代官を斬る。捕吏に追われ、子分たちと赤城の山に立て籠もる。二百名の捕吏が総攻撃する前の晩に脱出。関所を破って逃走。その後は各地を旅する。二足の草鞋の悪党、山形屋藤蔵を懲らしたり、越後の女侠客おまんに匿われたりするが、中気で倒れたところを捕らわれ、吾妻郡大戸の関で処刑される。

忠治はどのくらい強かったか。高崎の道場で剣術の修業をし、懐には六連発の拳銃を隠し持っていたとも言われている。

義侠は明治以降の講談の創作かもしれない。その後、行友李風・作による新国劇の舞台や無声映画で、沢田正二郎が演じ、前出の名科白が今日までも親しまれている。

浪曲では、初代春日井梅鶯「赤城の子守唄」が人気となり、同時に東海林太郎の歌謡曲「赤城の子守唄」(作詞・佐藤惣之助、作曲・竹岡信幸、一九三四年)も大ヒットした。

名科白「赤城の山の今宵を限り、生まれ故郷の国定村や、縄張りを捨て国を捨て、カワイイ子分のてめえたちとも、別れ別れになる門出だ。加賀国の住人、小松五郎義兼が鍛えし業物、万年溜めの雪水に清めて、俺には生涯てめえという、強い味方があったのだ」

清水次郎長

「清水港は鬼より怖い、大政、小政の声がする」

ヤクザはやっぱり怖いんだ。

講談は三代目神田伯山が「清水次郎長伝」で八丁荒らしと言われた。伯山の「次郎長伝」に学んだのが、浪曲の二代目広沢虎造、ラジオで全国的な人気となる。「旅行けば駿河の国に茶の香り」「バカは死ななきゃ治らない」などの名文句は誰でも知っていた。

清水次郎長は、幕末から明治の博徒。一八二〇〜九三年。漁師の家に生まれ、米屋に養子に行くも、旅の占い師に「余命三年」と言われ、「ならば太く短く生きよう」とヤクザになったら、七十三歳まで生きた。史実は、幕末までは対立する敵と捕吏に追われる、抗争と逃亡の日々を送る。ようやく清水に戻ると、明治維新が待っていた。ここで、山岡鉄舟と交流を持ち、富士山の開墾事業など、さまざまな事業を行った。

講談、浪曲の見せ場は、子分たちの活躍、大政、小政、大瀬半五郎、法印大五郎、桶屋の鬼吉ら、中で、森の石松が活躍する物語が出色で、おなじみの名場面が次々に演じられた。

次郎長の生涯は、次郎長の養子、天田五郎が「東海遊侠伝」を記した。伯山は「東海遊侠伝」をもとに、さまざまな取材を経て「清水次郎長伝」を口演した。

小説では、村上元三「次郎長三国志」が定番となり、映画化され、小堀明男、鶴田浩二らが次郎長を演じた。第一作目の映画では、原作に登場しない張子の虎三役で広沢虎造が出演している。以後、テレビドラマも、講談、浪曲でなく「次郎長三国志」を原作にした作品が多い。次郎長一家を歌った歌謡曲「旅姿三人男」(歌・ディック・ミネ、作詞・宮本旅人、作曲・鈴木啓夫、一九三八年)もヒットした。

名科白「飲みねえ、飲みねえ、寿司を食いねえ、江戸っ子だってねえ」「バカを承知でなったヤクザ稼業」「爪を綺麗にして太く短く生きる」「戸板一枚上に飴菓子並べて売っても、立派な堅気の旦那」「長い草鞋なんか履くのはおよしよ。足にあった草鞋を履きなよ」「アッと驚く為五郎」など多数。

天保水滸伝

江戸後期、天保の頃の下総、利根川あたりを舞台にしたヤクザの抗争を描いた講談、浪曲の作品。江戸時代、下総は、天領、旗本領、寺領に別れていて、それぞれに行政権が異なり、治安は悪化、ヤクザたちが幅を利かせた。

外房の飯岡を縄張りとする飯岡助五郎(一七九二〜一八五九年)は十手を預かる二足の草鞋、漁業という経済基盤を持ち勢力を拡大していた。そこへ利根川中流の笹川を縄張りとする新興勢力の笹川繁蔵(一八一〇〜四七年)が出て来て、両者の対立は激しくなり、一八四四年(天保十五年)、利根川で激突する。

もともと講談のネタだが、二代目玉川勝太郎「天保水滸伝」(脚本・正岡容)が人気となる。「利根の川風袂に入れて」という名文句で有名。笹川には、用心棒の平手造酒、子分も勢力富五郎、夏目の新助ら、飯岡には、洲の崎の政吉らの子分がいて、とくに平手は元千葉周作門下のエリート剣客だったのが、酒でしくじり、落ちぶれてヤクザの用心棒というのがニヒルな男の美学を描いた。二代目勝太郎の浪曲は、三代目、福太郎を経て、奈々福、太福ら現代まで継承されている。他にも、助五郎の親分筋に当たる銚子の五郎蔵や、笹川に世話になったことがある佐原の喜三郎、笹川の花会の来客の一人、丸屋忠七らの物語も「天保水滸伝」の外伝に当たる。

映画も多く撮られているが、変わったところでは「座頭市」の第一作「座頭市物語」(監督・三隅研次、一九六二年)は背景が「天保水滸伝」で、座頭市(勝新太郎)と平手造酒(天知茂)が対決する。

また、「天保水滸伝」(監督・山本薩夫、一九七六年)は飯岡、笹川の物語を背景に、農学者の大原幽学(平幹二朗)が主役という作品もある。

歌謡曲では、平手造酒を歌った、田端義夫「大利根月夜」(作詞・藤田まさと、作曲・長田義司、一九三九年)がヒット。

幡随院長兵衛

幡随院長兵衛(一六二二〜五〇年)は、江戸初期の人入れ稼業。人材派遣業ね。博徒(ヤクザ)ではない。人足や、大名家の中間なんかを斡旋していたから、そういう連中は荒くれ者も多く腕っぷしも強かったから、それを束ねる連中は、それ以上に強くないといけない。だから、並のヤクザより強かった。子分も唐犬権兵衛、夢の市郎兵衛、放駒四郎兵衛なんていう連中がいた。

長兵衛は漢気があり、弱きを助け強きを挫くところから、侠客の元祖とも言われている。旗本白柄組、水野十郎左衛門らと対立し、湯殿で闇討ちされた。

講談や歌舞伎、映画でおなじみ。落語では、幡随院一家と白柄組のスゴイ奴らが次々に出て来て名乗りを上げる「芝居の喧嘩」がある。もとは講談で、二代目神田山陽ら寄席に出ていた講談師が短い時間でやっていたのを、落語家が習って落語にして口演したもの。

三　お奉行様と捕物帳

江戸の街の治安を守っていたのは、南北両町奉行。そして、配下にはそれぞれ、与力二十五騎と同心二百人がいた。約五百人で百万都市江戸の治安を守っていたのか。そんなお奉行様たちの活躍を描く物語もあった。

大岡越前守

大岡忠相（一六七七〜一七五一年）は、徳川吉宗のもとで、享保の改革に尽力した行政官。講談では、伊勢山田奉行の任にあった時、紀州の三男で部屋住だった吉宗が禁漁区域で網打ちをしていたのを、吉宗と知りつつ捕縛した。身分に忖度せず法を執行した大岡の清廉さを吉宗は高く評価した。その後、吉宗は紀州藩主になり、やがて八代将軍になった時、自らの右腕として大岡を、江戸の行政、治安を預かる南町奉行に抜擢した。

奉行と言えば大岡で、凶悪犯は決して許さず、庶民の味方で、弱者に優しい人情裁きをしたところから、「大岡裁き（大岡政談）」が物語として綴られた。しかし、実際に大岡が裁いたのは白子屋事件のみで、むしろ享保の改革における行政官としての活躍のほうが大きい。

講談の大岡政談は百以上あると言われている。講釈師の創作や、他の奉行の裁きも大岡にして口演したり、明治時代になって外国ミステリーを、大岡を主人公に翻案したりしたものまであった。

主な講談ネタに、将軍の座を狙つた贋ご落胤の「天一坊」、医者の立場で殺人を繰り返した「村井長庵」、大岡が凶悪犯を罠に掛ける「畦倉重四郎」、奇想天外な方法で犯人をあぶり出す「縛られ地蔵」、夫殺人未遂の「白子屋事件」、人情裁きでは、殺人事件をなかったことにしちゃった「小西屋政談」、意外なハッピーエンドな「小間物屋政談」などがある。凶賊、雲霧仁左衛門と戦うのも講談では大岡だ。

落語では「三方一両損」、大岡でない奉行でやる落語家もいるが「大工調べ」などがある。

テレビドラマ、TBS系ナショナル劇場で、「水戸黄門」「江戸を斬る」などと交互に「大岡越前」が放送されていた(一九七七~一九九九年、十五シリーズ)。大岡役は加藤剛。他にもテレビドラマ化されている。

遠山の金さん

遠山景元(一七九三~一八五五年)は、江戸後期の行政官。天保の頃(一八三一~四五年)に北町奉行、南町奉行を勤めた。講談や映画、テレビドラマでは、背中に桜吹雪の刺青をしていたことになっている。

講談にも「遠山政談」はあるが、あまり有名ではない。映画、テレビドラマでおなじみとなった。遠山自らが町人の金さんとなり、悪人たちと接触、刺青を見せて自らが証人となり、お裁きの場面でも刺青を見せて啖呵を切るというのが、だいたいのストーリー。

戦後、映画では片岡千恵蔵主演「いれずみ判官」(監督・渡辺邦男、一九五〇年)がシリーズ化し十八作品が製作された。テレビドラマも早くから作られていたが、ヒットしたのは、中村梅之助主演「遠山の金さん捕物帳」(一九七〇～七三年、NET系)、そのあと、市川段四郎、橋幸夫、杉良太郎、高橋英樹、松方弘樹、松平健らが金さん役を務めた。また、TBS系ナショナル劇場「江戸を斬る」はⅡ～Ⅷまで遠山の金さんが主役で、西郷輝彦、里見浩太朗が演じた(一九七六～九四年)。

長谷川平蔵

長谷川宣以(一七四五～九五年)は、江戸後期の武官。御先手組頭、火付盗賊改方長官。火付盗賊改方っていうのは、凶悪犯罪に対抗するための特別警察に、武官の御先手組が当たった。今で言うなら、警察で手に負えない凶悪犯のため自衛隊が出動したようなもの。

講談ではなく、池波正太郎の小説「鬼平犯科帳」で人気を得た。元は無頼の仲間入りし、本所の鉄と呼ばれていた長谷川平蔵が旗本の家を継ぎ武官となり、火付盗賊改方となって凶悪犯罪と戦う話。鬼の平蔵と呼ばれた長谷川が、凄腕の与力、同心たちの他に、大滝の五郎蔵、小房の粂八、おまさ、相模の彦十ら個性豊かな密偵を使い、外道働きの盗賊たちを焙り出してゆく。

テレビドラマになり、八代目松本幸四郎(一九六九年、一九七一年)、丹波哲郎(一九七五年)、萬屋錦之介(一九八〇～八二年)、二代目中村吉右衛門(一九八九～二〇〇二年、以降はスペシャル)が鬼平を演じた。

岡っ引き・目明したち

江戸の治安は、与力、同心らだけでは守れない。奉行の下に、町年寄、町役人という役職があった。町年寄は今の区長、町役人は町内会長くらいの地位で、町役人には各地域の大家さんが任じられ、戸籍の管理や、犯罪の通報などが任務、地域の人たちの面倒を見つつ、治安の維持にも務めた。

また、同心は私的に密偵を雇っていた。密偵の中には十手を預かり、犯罪捜査に当たる者たちがいた、彼らは岡っ引き、目明しなどと呼ばれた。事件が起きると、一般人も岡っ引き、目明しに相談し、「親分」などと呼ばれていた。巡査や刑事ではなく、あくまでも同心に雇われている身分である。そんな岡っ引き、目明したちも時代劇で活躍する。

講談にはあまり登場せず、時代小説や映画、テレビドラマで人気を得たものが多い。

《銭形平次》野村胡堂の時代小説「銭形平次捕物控」の主人公。神田明神下に住み、神田界隈を縄張りにしている。主に推理で事件を解決、ピンチになると、寛永通宝を投げて敵を倒す。映画では長谷川一夫が演じ、テレビドラマは大川橋蔵(CX系)が一九六六〜八四年まで毎週、八八八話が放送された。その後も風間杜夫、北大路欣也、村上弘明らが演じている。

《三河町の半七》岡本綺堂の「半七捕物帳」の主人公。明治時代の新聞記者の私が、江戸時代に浪曲でラジオの民放時代に、国友忠がシリーズ化して演じている。

岡っ引きをしていた半七老人に、事件の回顧を聞く形で物語が綴られる。江戸情緒が巧みに描かれる。怪奇ものの傾向もある。

テレビドラマは、尾上菊五郎が演じた（一九七九年、ＣＸ系）。

《黒門町の伝七》陣出達郎、野村胡堂、横溝正史らの「伝七捕物帳」の主人公。遠山景元から紫房の十手を与えられた伝七が推理と人情で事件を解決する。

映画は高田浩吉（一九五四〜六三年）、テレビドラマは中村梅之助で（一九七三〜七七年、ＮＴＶ系）で前進座が脇を固める。「よよよい、よよよい、よよよい、よい。めでてえな」がプチ流行語になった。中村梅雀でリメイク（二〇一六年、ＢＳ・ＮＨＫ）もあった。

《人形佐七》横溝正史・作の「人形佐七捕物帳」の主人公。神田お玉ヶ池に住む岡っ引きの佐七がトリックを暴く時代ミステリー。

映画は若山富三郎ら、テレビドラマは松方弘樹、林与一らで放送された。

四　歴史の大物、縦横無尽

歴史上の人物が活躍する時代劇もある。徳川光圀が漫遊したり、あり得ない話がかなり面白い。

水戸黄門（徳川光圀）

徳川光圀（一六二八〜一七〇一年）は、水戸家二代当主、副将軍で中納言。隠居して、水戸郊外の西山荘に住み、「大日本史」を編んだ。尊王の思想を水戸学として、水戸の学問、思想の基本とし、幕末にまで影響を与えた。

講談は二部構成、光圀の評伝と、隠居後の諸国漫遊になる。西山荘に隠居した光圀が、越後高田のお家騒動を解決すべく、松尾芭蕉にあやかり、松雪庵元起という俳諧師を供に奥州、越後路へ旅立つ。その後は、江戸から東海道、果ては西国を、助さん（佐々木助三郎／史実は佐々宗淳）、格さん（渥美格之進／史実は安積澹泊）、元盗賊の九紋龍長次を供に漫遊する。大坂で散財競争したり、播磨湊川で楠木正成の碑文を建立したりする。

浪曲は、お話は講談と同じ。だが、関西で主に演じられ、お笑い系になる。常陸の大名の黄門が「ほな、助さん、行きまっか」。

映画は、無声映画時代から制作されるが、戦後の月形龍之介が定番（一九五四〜六一年）。はじめは、怪奇的なB級色が強かったが、最後の頃は東映のオールスター映画となる。それまで敵役が多かった月形が、正義の杖で悪を懲らすところが面白かった。

テレビはTBS系ナショナル劇場「水戸黄門」が、「大岡越前」などと交互だが、一九六九〜二〇一一年、四十三シリーズ続いた。黄門役は、東野英治郎、西村晃、佐野浅夫、石坂浩二、里見浩太朗と五人が務めた。ナショナル劇場「水戸黄門」では、助さん、格さんに加え、講談の長次に当たる元盗賊、風車の弥七（中谷一郎ら）、うっかり八兵衛（高橋元太郎）が登場、黄門一行がピンチになると風車が飛んで来て危急を救うのが定番となった。また途中からは忍者軍団との戦いのあと、黄門の供となったかげろうお銀（由美かおる）の入浴シーンも話題になった。ちなみに里見浩太朗は月形映画で格さん、東野、西村で助さんを演じている。黄門、助、格、すべてを演じた貴重な俳優である。その後、ＢＳ・ＴＢＳで武田鉄矢も演じている（二〇一七〜）。

暴れん坊将軍（徳川吉宗）

徳川吉宗（一六八四〜一七五一年）、徳川幕府八代将軍。七代が早世したため、紀州家より将軍となる。享保の改革を実施した。それまで、大岡越前守や「大奥」などの脇役として登場していた吉宗を主役にしたテレビオリジナル時代劇が「暴れん坊将軍」である。一九七八〜二〇〇二年の十四年間で十二シリーズ。吉宗役は、抜擢時はほぼ新人だった松平健が全シリーズを務めた。

将軍となった吉宗が、旗本の部屋住、徳田新之介と名を変え市井に出て、悪を懲らすという物語。悪はたいてい吉宗の部下の旗本で、「余の顔を見忘れたか」「上様〜」と土下座するも、「上様の名を騙る狼藉者じゃ斬れ」で、立ち回りになるのがわりとパターン。

め組の辰五郎（北島三郎）、大岡越前守（横内正、田村亮）、加納五郎左衛門（有島一郎、有島没後は役名を変えて船越英二らが務める）らが脇役。講談や時代小説を原作としないオリジナルゆえの破天荒さと、松平のフレッシュさが魅力の時代劇だった。

平賀源内

平賀源内(一七二八〜八〇年)は江戸後期の本草学者、戯作者、山師、医師、コピーライターなど。江戸のマルチ人間であり、エレキテルの復元などで科学者しても名前が知られている。そのため時代劇では、科学者、もの知り(西洋の知識に精通)などの役回りの脇役で登場することが多い。

講談、浪曲にはあまり登場しないが、源内を主役にした新作がないわけではない。「御神酒天神」(作・稲田、五月一朗口演)は源内幼少期に天才の片鱗を見せる話。

テレビドラマで源内が主役のものでは、「天下御免」(源内・山口崇、NHK、一九七一年)、「翔んでる! 平賀源内」(源内・西田敏行、TBS系、一九八九年)などがある。また、「影の軍団Ⅱ」(千葉真一主演、源内・山村聰、CX系、一九八一年)、「仕事人アヘン戦争へ行く」(源内・宮口精二。源内が高齢で生き残っていたという設定、朝日系、一九八三年)などで重要な脇役で登場している。

新撰組

幕末、幕府側で、京都の治安維持に務めた部隊。

局長・近藤勇、副長・土方歳三、一番組隊長・沖田総司、二番組隊長・永倉新八、三番組隊長・斎藤一らが主役となる。新撰組の面白いのは、鞍馬天狗や坂本龍馬などの討幕側が主役の作品では、敵役、それも滅茶苦茶強かったり、大勢だったり、罠を仕掛けて来る極悪だったりするのに、一方で新撰組が正義で主役の作品もある。

講談、浪曲ではあまり描かれていない。浪曲は別として、講談は基本、江戸の芸だから、徳川が正義なのに負けた、だから明治以降も幕末もののネタは少ない。東京では受けなかった。伊藤痴遊が「西郷隆盛」ら幕末~明治の偉人の評伝を創作して読み、それが残っているくらいである。

「新撰組」ネタはもっぱら映画。戦前は、長州や薩摩の討幕派こそが明治政府、大日本帝国の礎を築いたということで、桂小五郎(木戸孝允)や高杉晋作らが英雄、それを助ける鞍馬天狗や月形半平太が正義だから、新撰組は敵役だった。戦後は、敗れて幕府に殉じた新撰組が、脚光を浴びたのだろう。

小説は子母沢寛「新撰組始末記」で再評価された。映画化もされた(監督・三隅研次、出演・山崎丞・市川雷蔵、近藤勇・若山富三郎、土方歳三・天知茂、一九六三年)。戦後の映画では、片岡千恵蔵が主に近藤勇役で主役だったが、テレビドラマ「新撰組血風録」「燃えよ剣」で栗塚旭の土方歳三役が注目された。近年の映画作品では「壬生義士伝」(監督・滝田洋二郎、二〇〇三年)は浅田次郎の小説が原作、主役は隊士の吉村貫一郎で、演じた中井貴一の殺陣が思いのほか迫真だった。また「御法度」(監督・大島渚、一九九九年)は、主役の松田龍平や浅野忠信はともかく、ビートたけし(土方)、坂上二郎(井上源三郎)、トミーズ雅(山崎)らお笑い系タレントが多く出て、とんでもないオチがあり、思想的にはいろいろあるが、不思議な面白さがある作品だった。

五　ダークヒーロー、ヒロイン〜盗賊など

時代劇の主役となるのは、正義の味方だけではない。悪のヒーロー、ヒロインも多くいる。盗賊など法律的には悪でも、義賊だったりもするが、ただの盗賊もいたりする。悪の美学が輝くこともある。

鼠小僧次郎吉

鼠小僧次郎吉は実在の人物(一七九七〜一八三二年)。物語では、大名屋敷から金品を奪い、貧乏人に配った義賊となっている。実際は盗んだ金は博打と女で使ってしまったらしい。

講談は、二代目松林伯圓の作。伯圓は「泥棒伯圓」と呼ばれ、白浪もの(盗賊が主役)を得意とした。自身が博打で全財産を失くし、褌一本になった経験もある。

講談では、表の稼業は和泉屋次郎吉という侠客、九十九の大名屋敷から計三万両を盗んだ。伯圓は当初、鼠小僧の侵入方法を克明に語っていたが、模倣犯が出て警察からお叱りを受け、やむなく鼠小僧を伊賀流の忍法の使い手とした。

落語では、講談の中の「しじみ売り」の場面を、五代目古今亭志ん生が演じ、受け継がれている。和泉屋次郎吉が、健気なしじみ売りの少年に金をあげようとするが、少年は「いらない」と言う。少年の姉夫婦は見知らぬ人から金をもらい、姉の夫は盗みの罪で捕縛されたという。受難に遭い困

っていた姉夫婦に金をあげたのは次郎吉だった。少年が語る物語に、次郎吉の情けが仇になったと知る人情噺。

新内では、岡本文弥の「次郎吉ざんげ」。もともとは新作の歌舞伎(作・鈴木泉三郎)。次郎吉は親友の岡っ引きと一対一の対決をし、相手を殺す。次郎吉は親友の女房の縄に掛かろうと女房を訪ねるが、二人はやがて情を交わしてしまう。次郎吉の元へ追手が迫る。男と女はしょうがねぇなぁ。

ほかにも三代目神田山陽「鼠小僧とサンタクロース」など派生作品はある。

義賊の原話は、中国の水滸伝に出て来る一〇七番目の好漢、飢饉の時に分限者の蔵を破り、財を庶民に配った元山東の義賊、白日鼠の白勝らしい。

映画は数本、テレビドラマでも主役にはなりにくいが、脇役でいろいろな作品に登場する。主役で登場するのは変化球な「浮世絵　女ねずみ小僧」(小川真由美、田中邦衛主演、CX系、一九七二～七七年)、その後もリメイクされている。

河内山宗俊

河内山宗俊は講談「天保六花撰」の一人、歌舞伎「天衣紛上野初花(河内山と直侍)」の主人公。モデルは河内山宗春(?～一八二三年)、天保より前に亡くなっている。江戸城の表坊主、お数寄屋坊主、ようは茶坊主のこと。水戸藩の陰富(違法賭博)を脅迫して捕縛され獄死。ようは闇に葬られた。「天保六花撰」は、「鼠小僧」と同じ二代目松林伯圓の作。伯圓は河内山の娘の女侠客、お徳と会っている。そこで彼女の父、侠客坊主の河内山のことを知る。

お数寄屋坊主で、下谷練塀小路（現在の秋葉原）に住む河内山宗俊が、軟禁された腰元を助けるため、松江藩の屋敷に上野の宮様の使者に化けて乗り込み、正体がバレても動じず、家老を罵倒して引き上げる痛快な幕開きは、歌舞伎でも上演され、多くの人の知る名場面。その後は、相棒役の片岡直次郎（直侍）と遊女、三千歳の話になる。歌舞伎では、おたずねものになった直侍が入谷の寮で三千歳と忍び逢う名場面、清元の「三千歳」という名曲が流れる。ところが、講談では、直侍は駄目駄目で、三千歳は金子市之丞と深い仲になる。入谷の忍び逢の場面は、三千歳と市之丞。市之丞は下総流山の博徒、剣の腕が出来るところから浪人に化けて剣術の道場を開いていた。講談の流山の博徒（田舎のヤクザ）では色っぽくないので、歌舞伎は侍くずれの色男の直次郎が三千歳の相手となったのだろう。

他に河内山は、丸利の強請り、玉子の強請りなどの話がある。六花撰、あとの二人は、海賊の森田屋清蔵、こやつが一番の悪党、もう一人の暗闇の丑松は後述する。

映画は戦前の「河内山宗俊」（監督・山中貞雄、宗俊・河原崎長十郎、市之丞・中村翫右衛門、一九三六年）が名作。

テレビドラマは、「痛快！　河内山宗俊」（CX系、一九七五年年、宗俊・勝新太郎）などがあるほか、宗俊が脇役や、闇社会のフィクサー役で登場する時代小説やテレビドラマも何作かある。

雲霧仁左衛門

雲霧仁左衛門は架空の盗賊。講談でもあるが、名前だけそのままでまったく別話の池波正太郎の小説のほうが有名になった。

講談は、雲霧が、仲間の木鼠吉五郎、洲走りの熊五郎、因果小僧六之助、山猫三次、おさらば伝次らとともに七万両を強奪、それぞれ金を分けて解散する。ある者は堅気に、ある者は盗賊稼業を続け、またある者は博打で全部使い果たし……それぞれの人生が描かれる。そして、雲霧に煮え湯を飲まされた大岡越前守は執拗に雲霧一味を追う。

浪曲では木鼠吉五郎のエピソードが、三門博「唄入り観音経」として口演された。身投げの老人を助けた吉五郎は、老人に金を与える。その金で命が助かった老人は観音経を覚えて木鼠の無事を祈ると、観音経のリズムがよく、若者に人気の江戸の唄だと評判になる。その噂を大岡越前守が耳にして……。

池波の小説は、神出鬼没の盗賊集団、雲霧一味と、火付盗賊改、安倍式部との死闘が描かれる。映画、テレビドラマは池波版で、映画「雲霧仁左衛門」(監督・五社英雄、主演・仲代達矢、一九七八年)、テレビは、天知茂、松方弘樹、萬屋錦之介、山崎努、中井貴一らが演じている。

ダークヒロインたち

悪女ほど魅力的なものはないのかもしれない。一方で、悪女ではない悲劇的な女性が罪を犯し、悪女の汚名を着せられる場合もあるのだ。

《妲己のお百》講談、歌舞伎などで描かれる日本史上最大の悪女と言われている。実在の人物ではない。妲己とは中国殷の時代に皇帝をたぶらかし国を滅ぼした女性。実は殷の皇帝、紂に国を滅ぼされた妲己に、九尾狐が化けていた。お百はその妲己から名をとった。

明治時代の講釈師、桃川如燕が「妲己のお百」を得意とし、河竹黙阿弥が歌舞伎化した。男を翻弄し、色香と讒言で多くの人の人生を狂わし、最後には秋田藩佐竹氏二十万石の横領を企むという、スケールのでかい悪女である。

《高橋お伝》明治の毒婦と呼ばれた実在の人物(一八四八〜七九年)。借金で苦しんでいたお伝は、後藤吉蔵に借金を申し込むが、のらくら逃げられ、同衾を迫られたため、殺害し、懐の金を奪って逃げた強盗殺人犯として捕縛。江戸時代の極刑である斬首の最後の一人となった。

仮名垣魯文「高橋阿伝夜刃譚」で描かれ、以後、小説、新内、浪曲、映画などになった。

《阿部定》一九三六年(昭和十一年)の阿部定事件の犯人(一九〇五〜)。阿倍定が、恋人の石田吉蔵と情交中、絞め殺し、局部を切り取り逃走した事件。吉蔵は妻帯していて、妻のもとに帰したくなかったという動機。精神鑑定で、性的サディズムと診断された定は、その後の恩赦などもあり、一九四一年に出所した。舞台で自身の懺悔話をしたり、飲食店経営などをしていたが、一九七一年に失踪、どこに行ったのかはわからない。ある時期まで、命日に吉蔵の墓に花が手向けられていたという。

小説、映画などで多く取り上げられた題材。話題になった作品は、映画「愛のコリーダ」(監督・大島渚、一九七六年)がある。

《峰不二子》漫画「ルパン三世」(作・モンキー・パンチ)に登場する女性。架空。日本人が悪女といってまず思い出す名前かもしれない。神出鬼没の大悪人ルパン三世を色香で翻弄し、たびたびルパンの上前を撥ねる活躍を見せる。だが、ルパン三世をして「裏切らない女はつまらない」と言わせるだけの、見事な裏切りを度々見せる。

六　侠客伝Ⅱ～長谷川伸の世界

長谷川伸(一八八四～一九六三年)という作家がいた。講談小説から新国劇の脚本へ。「股旅もの」の世界を確立、その後の時代小説、大衆演劇に多大な影響を与えた。名作ばかりの作品の中から、代表作四作品を解説しよう。

瞼の母

渡世人、番場の忠太郎は生き別れの母を探して旅をしていた。柳橋の料理屋「水熊」の女将おはまが母ではないかと思った忠太郎は会いに行く。渡世人が乗り込んできたことで、おはまは忠太郎が実の子と知りつつ追い返す。旅立つ忠太郎を、ヤクザの素盲の金五郎が追う。

新国劇の名作で、以後、大衆演劇に引き継がれて、演じられ続けている。大衆的な芸能である浪曲でも、中村富士夫、二葉百合子らにより口演されている(脚色・室町京之介)。映画化、テレビドラマ化もされているが、歌謡浪曲や歌謡曲としても歌われている。主な歌手に、三波春夫、中村美津子、氷川きよしらがいる。

名科白「親に会いに来るのなら、何故堅気になって会いに来ない」「女将さん、そのご意見は無用に願います。親に離れた小僧っ子がグレたを叱るは少し無理」「上の瞼と下の瞼を合わせれば、会わねえ昔のお母さんの姿が目に浮かぶ。会いたくなったら、会いたくなったら。俺は目をつぶるぜ」

一本刀土俵入り

水戸街道を、腹をすかせてあるいている若い力士がいる。「取的さん、取的さん」、声を掛けるのは取手宿の旅籠の二階にいる酌婦、お蔦。お蔦と力士茂兵衛の会話がすすむ。茂兵衛は相撲部屋を解雇された身、両親も亡くなり、帰る家はない。ふたたび江戸へ出て力士としての再起を願って歩いていた。お蔦は金と食べ物を恵む。茂兵衛はいつか横綱になって恩返しをしますと誓う。

十年後、お蔦と夫はヤクザ者たちに追われていた。そこに現われた渡世人が窮地を救う。渡世人は茂兵衛であった。力士に戻れずヤクザになり、駒形茂兵衛といういっぱしの渡世人。茂兵衛は横綱の土俵入りをお蔦に見せ、二人を逃がすと、ヤクザ者たちの刃の前に躍り出る。

新国劇で上演され、大衆演劇でおなじみの演目となっている。

名科白「せめて見てもらう駒形の、しがねえ姿の、横綱の土俵入りでござんす」

沓掛時次郎

渡世のいきがかりで三蔵という男を殺した沓掛時次郎。苫屋半太郎は三蔵の妻子を殺そうとするのを、時次郎は助ける。そのまま二人を連れて逃亡する時次郎は、三蔵の妻、おきぬ、倅、太郎吉と旅をする。夫を殺した時次郎を憎むおきぬだが、やがて時次郎の親身な心に親しみを感じるようになる。しかし、おきぬは病魔におかされ、太郎吉を残して死ぬ。時次郎は太郎吉のために渡世人から足を洗う決意をする。

長谷川が新国劇に書き注目された作品。映画化、テレビドラマ化も多数。三波春夫、村田英雄、橋幸夫らの歌謡曲もある。

暗闇の丑松

料理人の丑松は恋人のお米と夫婦になる約束をしているが、お米の義母お熊は、金のある旗本、潮止とくっつけたいと思っていた。邪魔な丑松を殺そうとする潮止だが、逆に丑松に殺される。丑松はお米を知り合いの四郎兵衛に預けて逃亡する。

旅の途中、雨の夜、板橋宿の旅籠に泊まった丑松は、飯盛女(遊女)となったお米と再会する。お米は四郎兵衛から、丑松の逃亡の金がいると騙されて板橋に売られたのだ。再会したその夜、お米は自害した。

「天保六花撰」の一人、暗闇の丑松のもうひとつの物語。長谷川の芝居では、金子市之丞も登場する。

歌舞伎や大衆演劇では上演されるが、テレビドラマ化はされていない。河内山宗俊が主演の映画、テレビでは脇役で登場する。あまりにも哀れで悲しい物語である。二葉百合子の歌謡浪曲にはある。

七　映画のヒーローたち

講談、浪曲を原話としない、時代小説などのヒーローで、映画化されることで知名度が上がった作品を紹介する。

その時代を反映する、カッコイイ映画スターが演じて、役名、作品名が轟いた。

月形半平太

月形半平太は、幕末の勤皇派で美剣士。長州藩士で新撰組と死闘を繰り広げる一方で、芸者たちと楽しくやっている。美剣士なのでモテモテなのだが、勤皇の志が強い。新撰組の罠に落ち、壮絶な最期を遂げる。

架空の人物。新国劇で登場した。行友李風・作。美剣士って言うのが、映画の題材だ。新国劇、無声映画時代は、沢田正二郎の当たり役。名前から土佐の武智半平太、芸者と浮名を流すところは桂小五郎らがモデルとされている。

名科白「月様、雨が」「春雨じゃ濡れて行こう」

鞍馬天狗

鞍馬天狗も勤皇の美剣士。長州や薩摩ではないが、勤皇の志で、勤皇の志士たちの危難を救う。白馬に乗り、いずこともなく現われ、剣やピストルで新撰組と戦う。角兵衛獅子の杉作少年と一緒にいる。

大佛次郎・作の時代小説の主人公で架空の人物。小説は、一九二四〜六五年(大正十三年〜昭和四十年)まで連載が続いた。

映画の当たり役は、嵐寛寿郎。一九二八年から鞍馬天狗をやり続けた。嵐寛寿郎が美男なため、覆面姿で出て来ると女性ファンから苦情がきたため、顔を前面に出した覆面(覆面の意味ない)姿で登場。それがその後の鞍馬天狗のスタイルとなった。

嵐寛寿郎以外にも、映画、テレビドラマ、パロディのお笑いなど、多くの作品で活躍している。

丹下左膳

丹下左膳は、片目片腕の剣士。だから美剣士ではない。江戸中期、幻の名刀を探して奥州の小藩より出て来た武士。

林不忘の時代小説が原作(一九二七〜)。架空の人物。いわゆる意外性なヒーローなんだろうか。モダニズムとナンセンスとエロチズムを供えた異色ヒーローで、昭和初期の不安定な時代には、そういうヒーローが受けた。もとは講談「大岡政談」なんだそうだ。「大岡政談」、いろいろあり過ぎてわかんない。

無声映画時代から、大河内傳次郎が演じ、一世風靡した(一九二八〜五四年まで十六作品)。中でも「丹下左膳余話　百万両の壺」(監督・山中貞雄、一九三五年)など名作がある。左膳が片手で居合抜きをするシーンが実に魅力的である。

映画では大河内が絶賛されている。他にも、無声映画時代に嵐寛寿郎、トーキーになって月形龍之介、大友柳太朗の左膳もある。テレビドラマも、中村獅童(二〇〇四年)まで多数製作されている。

名科白「姓は丹下、名は左膳」

早乙女主水之介(旗本退屈男)

早乙女主水之介は、やたらと退屈しているお殿様である。無役で千二百石。無役だから仕事がない。ホントに退屈で、だから人呼んで「旗本退屈男」。眉間に三日月形の傷がある。このお殿様が、退屈晴らしに事件を解決してゆく。剣をとってはとにかく無敵。ピンチになっても絶対に負けない。強い、強い。

原作は佐々木味津三の時代小説。架空の人物。無声映画時代から、市川右太衛門で映画化（一九三〇～六三年。三十作品）された。深編笠、黒羽二重の着流し、素足に雪駄がトレードマーク、殿様なのに弱者の味方で理不尽な権力に立ち向かう。勧善懲悪。痛快スーパーヒーローが主水之介。テレビドラマも、中村竹弥、高橋英樹、平幹二朗の他、右太衛門や、右太衛門の息子、北大路欣也も演じている。主水之介の他のレギュラーは、用人役の笹尾喜内。主に堺駿二が演じた。名科白「退屈の虫がうずき出した」「この眉間の傷が目に入らぬか」「天下御免のむこう傷」

眠狂四郎

眠狂四郎は、虚無的な美剣士。柴田錬三郎の小説（一九五六～）が原作。「大菩薩峠」（作・中里介山）の机竜之介の流れを汲むニヒル剣客。昭和三十年代の剣客小説ブームの一人だが、映画で市川雷蔵が演じたことで、全国的なヒーローとなった。狂四郎は江戸後期、父はオランダ人で、母を犯して生まれた子。剣を修行し、出生の秘密を知るべく長崎へ行き、道中、老剣客から、必殺の円月殺法を伝授される。そして、数々の事件に巻き込まれ、多くの敵と戦ってゆく。

映画は「眠狂四郎殺法帖」（監督・田中徳三、一九六三年～、市川雷蔵主演で十二作品）。雷蔵が若くして亡くなり、一九六九年で終了。大映の製作で、美女の帯を切って一瞬で全裸にしてしまったり、当時のエロチズムの風潮もたっぷり。狂四郎は、別に弱者の味方なんかしない、正義でもないところが逆に魅力となっている。

映画はその後、松方弘樹などでも作られている。テレビドラマも何作品かあるが、雷蔵の虚無的なイメージを踏襲しているのは、田村正和だろう(一九七二〜七三年、CX系)。二〇一八年に久々に作られた「眠狂四郎」は田村の遺作となった。

座頭市

座頭市は盲目の按摩だが居合抜きの達人。按摩稼業と博打をしながら旅をしている。子母澤寛の短編「座頭市物語」が原作と言われているが、ほぼ俳優・勝新太郎が作り出したキャラクターと言える。勝が演じた「不知火検校」という盲目の悪党の映画から進化したのが「座頭市」。

盲目の按摩で博打好きの市が旅をして、土地のヤクザに苛められている人々といつの間にか関わりになってしまい、最後は必殺の居合で、ヤクザたちをバッタバッタと斬り殺すというのが、だいたいのストーリー。

映画は「座頭市物語」(監督・三隅研次、一九六二年〜、二十六作品)。最後は勝自らが監督を務めた「座頭市」(一九八九年)。シリーズ中、三船敏郎、近衛十四郎、緒形拳、高橋悦史らが演じる剣客との一対一の対決がメインになる作品も多い。とりわけ「座頭市物語」では平手造酒役の天知茂との対決があったりした。シリーズが長いと異色作も多く、「御用旅」(監督・森一生、一九七二年)は殺陣のシーンのBGMが玉川勝太郎の浪曲だったり、「牢破り」(監督・山本薩夫、一九六七年)では座頭市が大原幽学(鈴木瑞穂)に感化されて、共産主義の農村で働いたりもしている。テレビシリーズも勝主演(何作かは勝の監督、CX系で三シリーズ七十四作品、一九七六〜一九七九年)で放送されている。

勝新太郎亡きあとは、映画でビートたけしが監督、主演で「座頭市」(二〇〇三年)が製作され、ヴェネチア国際映画祭銀獅子賞を受賞した。他にも「座頭市 THE LAST」(監督・阪本順治、主演・香取慎吾、二〇一〇年)がある。

桑畑三十郎、椿三十郎、峠九十郎

「世界の三船」こと、三船敏郎が演じた素浪人。最初は黒澤明監督の二作品。

「用心棒」(一九六一年)は、宿場のヤクザの対立に巻き込まれた浪人が、どっちに味方するでなく、最後は両方の一家を殲滅し、宿場町に平和を取り戻すという作品。桑畑三十郎も、桑畑を眺めながら「桑畑三十郎、そろそろ四十郎か」と名乗るから、本名かどうかもわからない。いわゆる、これまでの時代劇の殺陣、チャンバラと違い、三船の力強い剣が、実戦に近いイメージを感じさせる。「七人の侍」(一九五四年)に続く、リアルな殺陣を用いた黒澤時代劇の傑作となる。拳銃使いの仲代達矢や、女だてらに長脇差ふりまわす山田五十鈴、猪突猛進の加東大介、強そうなのにとっとと逃げ出す用心棒の藤田進ら、他のキャラクターもイキイキ描かれる。三船はヴェネツィア国際映画祭の男優賞を受賞した。

「椿三十郎」（一九六二年）は「用心棒」の続編で、山本周五郎原作「日々平安」に、椿三十郎という独自のキャラクターを登場させた。お家騒動でゆれる小藩、血気ばかりはやって甘ちゃんばかりで失策続きの若侍たち（加山雄三ら）にいつの間にか加担してしまう椿三十郎の活躍を描く。敵役、仲代達矢とのラストの対決など、黒澤映画ならではの殺陣が迫力な作品。

「荒野の素浪人」は一九七一～七四年で二シリーズ、ＮＥＴ系（現・テレビ朝日）で放送されたテレビ時代劇。三船プロダクションの製作である。「用心棒」「椿三十郎」と似たキャラクターの峠九十郎を三船が演じた。相棒に拳銃使いの香之介（大出俊）がいたり、ウエスタン調だったりもした。

他にも三船敏郎素浪人キャラクターの作品は、「座頭市と用心棒」（監督・岡本喜八、一九七〇年）、「レッド・サン」（監督・テレンス・ヤング、主演・チャールズ・ブロンソン、アラン・ドロン、三船、一九七一年）などがある。

八　テレビ時代劇のヒーローたち

一九六〇年代は講談や大衆演劇のキャラクター、あるいは映画でヒットした時代小説の主人公がテレビ時代劇のヒーローだった。赤穂浪士、水戸黄門、清水次郎長……七〇年代になると、時代小説や漫画の新しい主人公が時代劇化される。歴史上の人物でも、これまでにないキャラクターとして登場した暴れん坊将軍、吉宗なんかもそうだ。時代小説だけでなく、漫画（劇画）のキャラクターが出て、そして、テレビオリジナルのキャラクターも登場する。それらは、暴れん坊将軍のような単純な勧善懲悪でなく、むしろダークヒーローや目的をもって悪と戦うヒーローだったりする。

月影兵庫、花山大吉

月影兵庫は南条範夫の時代小説が原作。「素浪人月影兵庫」として、NET（現・テレビ朝日系）で一九六六〜六八年二シリーズを、近衛十四郎主演で放送された。

諸国を流浪する素浪人の兵庫が、旅の渡世人、焼津の半次（品川隆二）と出会い、旅をしながら事件と関わり、最終的には悪と戦い懲らす、勧善懲悪もの。近衛の迫力ある殺陣と、近衛と品川の軽妙な掛け合いが魅力の人気シリーズであった。

ところが、このシリーズが意外な展開を見せる。コメディ路線に走り過ぎたことを、原作者の南条がクレームをつけたことで、「素浪人月影兵庫」は打ち切りになる。しかし、近衛、品川のコンビの人気が高く、なんと、焼津の半次が兵庫と瓜二つの花山大吉と出会い旅を続けるという「素浪人花山大吉」という新シリーズとして放送された（一九六九〜七〇年）。お話の展開は、大吉と半次の道中で、勧善懲悪は同じ。だが、花山大吉はテレビオリジナルキャラクターで、原作の制約がなくなり、キャラクターがかなり進化、大吉はおから（卯の花）が好きで、好きを通り越して、おから固執者のようになり、驚くとしゃっくりが止まらなくなったり、ギャグ路線がかなり充実、半次とのやりとりも口汚く罵り合う。それはお互いの信頼ゆえのことで、まさに名コンビの色合いがより強調された。また、カラー放送になり、近衛の殺陣の迫力も増した。

近衛はその後も「素浪人天下太平」「いただき勘兵衛旅を行く」（一九七三年）と素浪人役を演じた。

拝一刀（子連れ狼）

拝一刀は元公儀介錯人（大名や旗本が切腹する時に首を斬り落とす役）。裏柳生の罠にはまり一族を皆殺しにされ、地位を追われた。残された子供、大五郎とともに、冥府魔道を行くことになる。一刀の目的は、柳生を倒すことと、大五郎をもって拝家を再興すること。そのために幕閣に配る賄賂を稼ぐため、刺客を稼業とする。水鴎流の使い手で、武器はメインは胴太抜、さらには大五郎の乳母車に二本の仕込みの槍と、連発銃《マシンガン》も用意されている。

原作は、小池一夫・作、小島剛夕・画の劇画。講談、時代小説でもない、劇画（漫画）原作の先駆け作品である。

拝一刀には、正義はない。敵の裏柳生は陰謀を繰り返す、ある意味で「悪」ではあるが、裏柳生にも一族の繁栄と、幕府のために働くという大義がある。拝VS裏柳生の戦いであり、勧善懲悪ではなく、義理や人情もない。そのあたりが、異色の時代劇であろう。

映画は、若山富三郎主演で、一九七二〜七四年まで六作品、勝プロダクションの製作。三隅研次らが監督。若山の殺陣が見応え。

テレビ版は、萬屋錦之介、一九七三〜七六年まで三シリーズ、七十九話が製作、NTV系で放送。こちらも萬屋の殺陣は迫真だし、大五郎を敵の刃の前にさらしながらも、無事に助けひしひしと抱きしめる姿が感動的であった。ストーリーのハードさ、リアルな殺陣で、チャンバラというよりも、まさに殺戮的であり、過酷な戦いに、過激な性描写もあったりして、テレビの一線を越えていたのも人気になった。

映画、テレビ、内容は甲乙つけがたいが、「子連れ狼」人気を定着させたのはテレビだろう。大五郎が一刀に呼び掛ける「ちゃん」は流行語にもなった。また、映画挿入歌で、テレビ第三シリーズの主題歌(歌・橋幸夫、作詞・小池一夫、作曲・吉田正)はヒット。「しとしとぴっちゃん、しとぴっちゃん」のコーラスも流行語になった。

テレビリメイクは北大路欣也(二〇〇二〜二〇〇四年)などがある。

木枯らし紋次郎

木枯らし紋次郎は渡世人。旅をしている。ただ急ぎ足で歩いている。目的は……誰にもわからない。時代は天保から幕末。苦しむ農民たちは描かれるが、助けを求めた人たちに紋次郎は言い放つ。「あっしには、関わりのねえことで」。高視聴率のテレビに合わせ、この言葉も流行語になった。

笹沢左保の時代小説が原作。股旅ものの渡世人と違うリアルな渡世人を描く。リアルなのか、わからない。渡世人ならどこかの親分のところに身を寄せて、草鞋銭をもらって生活しているのだろうが、そういうシーンはない。沓掛時次郎みたいに渡世の義理で人を殺すことはない。何かの事情で追われたりもしている。殺陣はリアルな、ヤクザ者の戦い方で、刀を低く構えたり、ふりまわしたりという、喧嘩殺法。広く走りながら戦うことで大勢の敵を相手にする。決してリアルな渡世人ではない。ただ、虚無的なカッコよさはある。

一九七二年にテレビ放送。CX系。紋次郎は中村敦夫。監督は市川崑らで映画的な映像を創出。オープニングに躍動感があり、上条恒彦が歌う主題歌「誰かが風の中で」(作詞・和田夏十、作曲・小室等)もヒットした。長い楊枝を加えたスタイルもカッコよく、真似する人もいたりした。

孤独にただ旅する男のニヒリズム、関りはないと言いながら、義理人情ではなく運命の流れの中で、いろんな事件と関わってしまい、それを強さで潜り抜けて行く。孤高の男が当時の人たちに受けたのだろう。

テレビ放送のあと、映画も製作された(監督・中島貞夫、主演・菅原文太、一九七二年)。その後も、岩城滉一(一九九〇年)、江口洋介(二〇〇九年)のリメイク版もある。

藤枝梅安

藤枝梅安は殺し屋。表稼業は鍼医で、実は金をもらい、鍼をメインの道具に人を殺す。

池波正太郎の時代小説(一九七二〜九〇年、二十編)。仕掛人と呼ばれる殺し屋、藤枝梅安の数々の殺し。小説では鍼だけでなく、毒なども用いる。

一九七二年、朝日放送（当時はＴＢＳ、のちにテレビ朝日系）でテレビドラマ化。「必殺仕掛人」として、梅安は緒形拳、ともに殺しを請け負う剣客、西村左内は林与一、殺しの元締め音羽屋半右衛門は山村聰らが殺し屋のメンバー。殺し屋だが、金さえもらえば誰でも殺すのではなく、生かしておいては世のためにならない、悪党たちを仕掛ける。

悪い奴らをやっつけるのだが勧善懲悪ではない。仕掛人は違法な殺し屋、アウトローたちで、悪い奴らがいても金をもらわなきゃ殺さない。正義の遂行に金という言い訳があるところが、仕掛人のダークヒーローたるところなのだろう。

映画化は「仕掛人梅安」（監督・降旗康男、一九八二年）、萬屋錦之介主演で、原作の物語を題材にし、相棒は彦次郎で中村嘉葎雄が演じた。

テレビの「藤枝梅安」（ＣＸ系）も「必殺仕掛人」ではなく、池波版で、小林桂樹（一九八二〜八三年）、渡辺謙（一九九〇〜九三年）、岸谷五郎（二〇〇六年）がスペシャル番組で放送されている。最新映画（二〇二三年）は、監督・河毛俊作、主演・豊川悦司で製作。

中村主水とその仲間たち

「必殺仕掛人」のヒットで、シリーズとして製作されたのが「必殺仕置人」（一九七三年）だ。主役は、念仏の鉄（山崎努）と、棺桶の錠（沖雅也）、鉄は梅安の鍼医の踏襲なのか、骨接ぎ医で、殺し技は敵の骨を折る。錠は血気盛んな若者で、職業は棺桶屋、短い槍状の刃物を使う。彼らは同じ長屋に住み、おひろめ半次(秋野太作、当時・津坂匡章)らの協力で仕置きを行う。これに八丁堀同心の中村主水(藤田まこと)がサポート役としてメンバーに加わる。お笑いタレントで人気だった藤田が、殺し屋というシリアスな役柄を演じ、以後、中村主水を中心とした「必殺シリーズ」となる。池波原作の「必殺仕掛人」からは完全に離れたテレビオリジナルの設定とストーリーになる。中村主水のシリーズは藤田没(二〇一〇年)まで、十五シリーズ放送された(必殺は三十一シリーズ、「仕事人」「仕置人」の主水シリーズほか、「からくり人」「仕舞人」「助け人」など)。

中村主水は、八丁堀同心であるが、中村家の婿養子で、姑せん(菅井きん)と妻りつ(白木万理)にいびられて家では肩身も狭く、奉行所でも昼行燈と呼ばれている。しかし、実は一刀流の達人である。

「暗闇仕留人」(一九七四年)以降、せん・りつの出番が増え、主水の家でのコミカルないびられぶりと、殺し場面のシリアスの落差を見せるようになる。

前期の集大成が「新必殺仕置人」(一九七七年)、主水と鉄の再会ではじまり、闇の組織、虎の会が登場し、主水たちが「殺し屋」であることが強調されてゆく。後期の「仕事人」(一九七九年)以降は、主水が実質のリーダーとなり、飾り職の秀(三田村邦彦)、鍛冶屋の政(村上弘明)、組紐屋の竜(京本政樹)ら若手が暴れまわる。製作時の世相を反映したテーマなどでラフな雰囲気を出しつつ、シリアスな場面は少なくなり、リアルな殺しもより、殺し技がカッコよく演出されたりしていた。

「必殺仕事人2009」で主水は主役から離れ、東山紀之、松岡昌宏らが主演となり、以降はスペシャル番組として、主水亡きあとも放送されている。

必殺シリーズに、時代設定は特にない。「暗闇仕留人」は黒船が出て来る幕末、「必殺仕置屋稼業」(一九七五年)には主水の上司として奉行の鳥居耀蔵(志村喬)がゲスト出演している回があったり、スペシャルでは、第七騎兵隊のカスター将軍が出て来たり、勝海舟が出て来たり、あるいは忠臣蔵の回があったりするから、時代はどうでもいいのである。

テレビオリジナルであるから、原作などには縛られず、視聴者のニーズに合わせ、コメディにもシリアスにも展開していった。

主水シリーズが映画化されている。「Ⅰ、THE HISSATSU」(監督・貞永方久、一九八四年)、「Ⅱ、ブラウン館の怪物たち」(監督・広瀬襄、一九八五年)は、豪華キャストのテレビのスペシャル版的な感じだったが「Ⅲ、裏か表か」(監督・工藤栄一、一九八六年)で「新・必殺仕置人」以前のハードボイルド路線が復活、テレビの「必殺仕事人Ⅴ激闘編」のメンバー(村上、京本、柴俊夫ら)が強敵との死闘を繰り広げる。主水も度々刺客に追い込まれたり、参(笑福亭鶴瓶)は無残に殺されたり、ストーリーも殺陣も迫真。そして「Ⅳ、恨みはらします」(監督・深作欣二、一九八七年)では、千葉真一(流れの仕事人)、真田広之(敵役の黒幕、凄腕の奉行)がゲストでさらに殺陣が迫真となる。映画版はその後も「Ⅴ、黄金の血」(監督・舛田利雄、一九九一年)、「主水死す」(監督・貞永方久、一九九八年)と製作された。

時に五両と低額だったり、悲惨に死んだ者のビタ銭が頼み料になったり、闇の組織から大金で依頼されたり、大奥から金で指令が来たり、シリーズにより金の出所は異なるも、正義の遂行に金が絡むという基本路線、「仕置人」以降がテレビオリジナルであるというのは画期的なシリーズであった。そして、中村主水という、個性的なキャラクター、藤田まことならではの役は日本時代劇の顔のひとつとなった。

第四章　現代日本人論

一　アニメ〜技術とストーリー、キャラクター

日本が世界に誇る文化の一つにアニメがある。

アニメはもともとヨーロッパではじまり、アメリカのディズニーで世界中に浸透した。そのディズニーの影響を受けた日本のアニメが、いまや、世界中から注目されている。日本と言えば、今日では、富士山でも竹藪でも忍者でもなく、アニメだろう。

アニメのルーツ〜江戸写し絵

アニメのはじまりはヨーロッパだが、日本の江戸時代にアニメのルーツと呼べるような芸能があった。江戸写し絵という。

江戸写し絵は、ガラスの板にカラーで絵を描き、幻灯機でそれを写す一種の影絵だ。幻灯機がハンディタイプになっていて、それを動かし、何枚かのガラス板を組合すことで、影絵が動画として映し出される。

江戸時代に落語などを語りに、そんな影絵を見せて人気だったが、明治以降はなくなってしまった。ガラス板が博物館に保存されていたり、古道具屋で売られていたりしたものが復刻され、昭和時代に蘇った。

現在、江戸写し絵を上演しているのは二団体のみ。一つは落語家の桂米朝が古道具屋でガラス板を見付け、これはなんだろうというところから研究し、江戸写し絵を復活、米朝亡き後も一門の有志が受け継いでいる。

もう一つは影絵の劇団のみんわ座。江戸写し絵を復刻し、江戸の演目の復活と、新作なども創作、ヨーロッパ公演も行い、アニメのルーツとして世界的に評価された。

江戸のものが継承されたわけではないが、そうした芸能が二百年昔に存在した、日本人の創作力の凄さが感じられる。

アニメの歴史

《アニメのはじまり》

日本にアニメが輸入されたのは一九一七年（大正八年）、短編アニメが製作され、その後も作られたり、ディズニーアニメが輸入されたりもするけれど、いずれも短編映画で、だいたいが映画の添え物として上映されるのみだった。ようするに、アニメを作るにはお金も掛かるし、マンパワーもいる。それだけの金と手間を掛けて作るだけのニーズが、その頃はなかった。

日本初の長編アニメは、「海の神兵」。太平洋戦争の戦時下、海軍のプロパガンダとして作られた。軍に関するものはアニメ制作に莫大な予算が使えた。

戦後のアニメはまずディズニーにはじまる。戦前からディズニーはカラーアニメを製作し、日本にも輸入されていた。「白雪姫」が製作されたのは戦前だけれど、日本公開は一九五〇年（昭和二十五年）、以後、「シンデレラ」「ピノキオ」などが上映され、アニメが日本の子供たちに浸透してゆく。子供だけでなく、手塚治虫はじめ、その後のアニメと関わる製作者、アニメーターたちはディズニーをめざしアニメを志した。

そして、一九五八年には長編カラーアニメ第一号「白蛇伝」（監督・藪下泰司、東映動画）が製作された。

《テレビアニメの時代》

アニメが日本に浸透するのは、テレビのおかげといってもいい。一九六三年「鉄腕アトム」（原作、総監督・手塚治虫、ＣＸ系）が放送されて、子供たちの心を掴んだ。手塚治虫は以後、長編アニメ映画にこだわり、虫プロダクションを設立した。

手塚アニメの人気を受けて、各放送局がテレビアニメをはじめる。「狼少年ケン」「鉄人28号」「サイボーグ009」など、テレビアニメの時代が幕を開ける。「狼少年ケン」のスポンサーは森永、「鉄人28号」はグリコ……。つまり、アニメはテレビ局が子供ターゲットでスポンサーを募り制作していた。子供ターゲットのスポンサーあってのアニメになってくる。

子供たちにはアニメが大人気で、次々に名作や面白いアニメが製作されるが、そこに大人の事情が絡んでくる。アニメは製作費が掛かる。視聴率がよければスポンサーはニコニコだが、それでもなんとか低予算でと言って来る。視聴率が悪ければ、名作と評判がよくても容赦なく打ち切り。そのしわ寄せはどこに来るかというと、現場のアニメーターだ。

昭和四十年代~五十年代、SF、スポ根、ギャグアニメ、魔法少女、名作童話など、次々にヒット作品が生まれる一方、大人の事情で裏では暗澹とした動きがあった。手塚は漫画で稼いでアニメに費やしたが、追い付かなくなった。労働争議が起こり、虫プロダクションは倒産、東映動画は多くのアニメーターが退社した。だが、東映動画を退社したのが宮崎駿、高畑勲らで、のちにスタジオジブリを作り、虫プロのアニメーターの一部がサンライズを立ち上げた。

《オタクの時代》

「宇宙戦艦ヤマト」(総監督・西崎義展、一九七四年)が再放送で爆発的な人気を呼んだ。戦艦を飛ばして宇宙へ行くという奇想天外な発想に、内容も人間愛とか、テーマも深かった。「ヤマト」は子供だけでなく、高校生、大学生や大人たちにも支持された。また、一九七九年からはじまった「機動戦士ガンダム」(総監督・富野由悠季)シリーズも、ロボット好きの少年たちだけでなく、大人にも支持された。彼らアニメ好きの大人たちが、のちに「オタク」と呼ばれる。

一九七五年にはじまった「コミックマーケット」、通称「コミケ」は、同人誌を作る漫画家志望者、ただ趣味で二次創作なんかを描くマニア、彼らが作る漫画や雑誌の読者、さらにはアニメのコスプレイヤーなどまで登場、広がりを見せ、いまや夏冬の漫画、アニメファン、同人誌ファン、オタクたちの集いの最大イベントとなっている。そうした動きがオタク文化を支えた。

一九八五年には、スタジオジブリが設立。「風の谷のナウシカ」「魔女の宅急便」「となりのトトロ」「天空の城ラピュタ」「火垂の墓」など、宮崎、高畑らの世界観とクオリティの高さが、その時代の若者の心を動かした。ジブリ映画はその後もヒットを飛ばし、実写映画を凌ぐ観客動員を得、「千と千尋の神隠し」はベルリン映画祭でアニメ初の金熊賞、米アカデミー賞長編アニメ賞を受賞した。

平成のアニメをリードするのは、まずは「新世紀エヴァンゲリオン」(監督・庵野秀明、一九九五年)、世界観に共鳴するオタク世代が多くいて、「エヴァ」のブームは社会現象にもなった。他にも「攻殻機動隊」シリーズ(監督・押井守ほか)など大人の心を刺激するアニメが作られた。「オタク」が押し広げたアニメの世界が、もともとあったファミリー層や、大人の観客にも広がりを見せた。

キャラクターの活躍

日本のアニメには、世代を越えて愛されるキャラクターたちがいる。長期に渡りテレビアニメで放送され、愛され続けているキャラクターたちをいくつか紹介しよう。

《サザエさん》

一九六九年からCX系で、日曜六時半から放送されている。もともとは長谷川町子の四コマ漫画(一九四六年〜フクニチ、一九五一〜一九七四年、朝日新聞)が原作。サザエさん一家(父・波平、母・フネ、長女・サザエ、長男・カツオ、次女・ワカメ、サザエ夫・マスオ、サザエ長男・タラオら)が巻き起こす日常のコメディ物語。昭和親父、昭和のお母さんの波平・フネ、サラリーマンの波平は背広に中折れ帽子で会社に行き、家に帰ると和服、フネにいたっては普段に和服割烹着を着用と令和ではないスタイルだが、それがなじむのがサザエさんの世界。そそっかしいサザエ、いたずら者のカツオなど、初期設定は違ったらしいが、おおむね昭和の中流家庭(世田谷に平屋だがかなり広い家を持っている)が描かれる。

時々にニュース性のある題材も取り上げられるが、時代性はなく、あくまでも設定に影響を与えない範疇で、日常の物語として綴られている。長く東芝一社提供だったのに、家電製品が一切出て来ないのも、スポンサーに左右されず世界観を崩さなかったことが長続きの理由かもしれない。

《ちびまる子ちゃん》

一九九〇年からCX系で、日曜六時、サザエさんの前時間に放送。さくらももこ原作の自らの少女時代を綴ったエッセイコミックが原作。

昭和四十九～五十年頃の静岡県清水市の小学生、まることその家族、同級生らを描く。「サザエさん」「ちびまる子ちゃん」、さらにはその前の時間の「笑点」（NTV系）まで考えると、日曜の夕方のテレビは昭和で彩られている。

《ドラえもん》

藤子不二雄原作のアニメの中でも長く続き今でも放送されているのが「ドラえもん」（一九七九年～テレビ朝日系、それ以前に一度NTV版もあった）だ。

四時限ポケットで、さまざまな未来の道具を出す、未来の猫型ロボットのドラえもんと、駄目少年ののび太の交流を描く児童向けギャグアニメ。原作は藤子・F・不二雄。のび太がジャイアン、スネオにいじめられ、くやしいってんで、仕返しのためにドラえもんに道具を出してもらうも、別の使い方があることに気付き、しずかちゃんの女風呂をのぞいたりなどがあり、最後は失敗する、みたいなのがだいたいの展開だが、キャラクターの面白さ、未来の道具の不思議さが魅力で長く放送され、愛されている。

映画版では駄目駄目のび太が活躍したり、実写版の未来ののび太たちがコマーシャルになったりもしている。まんまるドラえもんのキャラクターも一人歩きしている。近年のコンプライアンスで、いじめの場面は緩和され、女風呂のぞきはなくなったようだ。

藤子アニメは、「オバQ」「パーマン」「ハットリくん」などもキャラクターとともに長く愛されている作品は多い。

《クレヨンしんちゃん》

一九九二年から、テレビ朝日系で放送。「ドラえもん」の次の時間帯に放送され、ともに愛されている作品。臼井儀人のギャグ漫画が原作。

幼稚園児のしんのすけと、その家族の物語。好奇心旺盛な幼稚園児の日常がおかし過ぎ、キャラクターの魅力もあり、もともと青年誌に描かれていた漫画が、同年代の幼稚園、小学生たちにもバカ受けした。

しんのすけは永遠の五歳児で、五歳児のまま時が進行、世界観を崩さぬまま、スマホや、パソコンなども登場している。

《アンパンマン》

一九八八年NTV系で放送の「それゆけ、アンパンマン」の主人公。ジャムおじさん、バタコ、チーズ(犬)、食パンマン、カレーパンマンなどが登場、敵役にバイキンマン、ドキンちゃんなどがいる。

その他毎回、いろんなお食事キャラクターが登場する。やなせたかしの絵本が原作。

アンパンの顔の中身の餡はつぶあん、らしい。

《ポケットモンスター》

一九九七年からTX系で放送。ポケモンマスターをめざすサトシと、相棒のポケモン、ピカチュウとの冒険の旅を描く。

ポケモンとはなんぞ、なのだが、もともとは任天堂のゲームソフト。アニメやさまざまなメディア展開で、日本のアニメの大きなキャラクターとして定着した。

アニメの回ごとにキャラクターが増えて行き、それがゲームや本などでキャラクターが確立してゆき、子供たちの人気を呼び、現在は千を超えるキャラクターがいる。また、それぞれに進化したりもするから、何がいるのか見当もつかない。

初期放送時、子供だった人が親世代になり、子供と一緒に、アニメ、ゲームで楽しむから、多くの世代に親しまれている。また、二〇一六年に開発されたゲームアプリ「ポケモンGO」は大人世代の心も掴み、四十代、五十代もポケモン狩りに精を出し、まさに世代を越えた文化となった。

二十五カ国以上で発売、ポケモン人気は世界に広がっている。

二　世界に発信する映画

映画が日本に伝わったのは一八九七年(明治三十年)、それからわずか三年で国産劇映画(「ピストル強盗清水定吉」撮影・駒田好吉)が作られている。これも日本人のアレンジ力の凄さだ。

そして、その頃の映画はサイレント(音なし)、そこに生バンドと説明者(弁士)がついた。外国の映画に弁士はいない。これは日本の人形劇で、義太夫などの科白と説明担当がいたことで、違和感なく見聞き出来たということだ。やがて弁士の中からもスターが生まれ、スクリーンの中と外でスターたちが競い合ったのが、日本の映画だった。やがて、トーキーとなり、日本映画はさまざまに発展、戦後には世界に認められる日本文化の一つとなってゆく。

黒澤映画とその時代

映画監督の黒澤明とその作品が世界的に評価されているのはご存じの通りだ。スピルバーグ、ルーカス、コッポラ、スコセッシらにも影響を与えたそうで、黒澤後年の「影武者」「乱」などのプロデュースはハリウッド監督らが名を連ねている。

黒澤明がまず世界に知られたのは、一九五一年「羅生門」で、ヴェネチア国際映画祭金獅子賞を受賞したからだ。

《羅生門》

監督・黒澤明、出演・三船敏郎、京マチ子、森雅之、志村喬ほか。雨の羅生門に集まる男たち(志村、千秋実、上田吉二郎)がある事件について語り合う。事件は盗賊(三船)により殺された武士(森)の話。その事件の真実を多方面の証言から解いて行くのだが、すべては嘘ばかり、果たして真実は？　芥川龍之介「藪の中」が原作。

実は最初日本ではヒットせず、大映から干されかけていた黒澤明は、釣り堀で受賞を聞かされた。以後、「世界の黒澤」として次々に名作、ヒット作を生む。賞の受賞は、戦後の荒廃した日本において、日本映画がスゴイと世界が認めたことに、日本が湧きたった。

《七人の侍》

監督・黒澤明、出演・三船敏郎、志村喬、宮口精二、木村功ほか。時は戦国、盗賊に襲われる村の者たちは、侍を雇い村を守ろうと考える。勘兵衛(志村)ら六人と、無頼の男、菊千代(三船)の七人が村を守るため集まる。七人の侍と村人たち、盗賊の死闘がはじまる。

実戦的な殺陣、村人たちの集団戦がリアル、七人の個性など、エンターテインメントとしての面白味、醍醐味を備えた傑作。

一九五四年ヴェネチア国際映画祭銀獅子賞。「七人の侍」で、スピルバーグらは黒澤に心酔した。その後も黒澤映画は、一九五九年「隠し砦の三悪人」(三船敏郎、千秋実、藤原釜足、上原美佐ら出演)でベルリン映画祭銀熊賞、一九六一年、一九六五年には三船敏郎が黒澤作品「用心棒」「赤ひげ」でヴェチア映画祭、主演男優賞を受賞している。

《昭和二十年代を彩る映画》

黒澤映画に続けとばかり、昭和二十年後半には、多くの日本映画が世界の賞で認められた。それは、日本の時代劇で描かれる、日本の原風景と躍動感のようなものが評価されたのではないか。

「雨月物語」、監督・溝口健二、出演・田中絹代、京マチ子、森雅之ほか。一九五三年ヴェネチア国際映画祭銀獅子賞。「地獄門」、監督・衣笠貞之助、出演・長谷川一夫、京マチ子、山形勲ほか。一九五四年カンヌ映画祭パルムドール。「山椒太夫」、監督・溝口健二、出演・田中絹代、花柳喜章、香川京子、進藤英太郎ほか、一九五四年ヴェネチア映画祭銀獅子賞。

小津安二郎

日本らしさ、日本の原風景、日本の家族を撮った監督に小津安二郎がいる。日常の自然な暮らし、昭和の風景を描き出した。今でもありそうな、家庭劇の緻密な世界。独立した息子、娘たちから疎外される老夫婦だとか、娘の結婚にゆれる父親とか。それはどこにでもいそうな、ありそうな昭和の物語だ。

ローアングルから固定したカメラで描くのは、座敷で座って見ている感覚だと言う人もいる。笠智衆の一見棒読みのような科白だが、そこに表情などが加わり深味になる。女優たちのややぶっきら棒な言い回しも、昭和の女が感じられる。撮影術、演技指導など、多くの後塵に影響を与えている。無声映画時代に三十四本、トーキー映画になり、二十本の作品を撮った。

代表作、「東京物語」、出演・笠智衆、東山千栄子、原節子、杉村春子、山村聰、香川京子、三宅邦子、大坂志郎、東野英治郎、中村伸郎ほか、一九五三年。「晩春」、出演・笠智衆、原節子、杉村春子ほか、一九四九年。「麦秋」、出演・原節子、淡島千景、笠智衆、東山千栄子、杉村春子、二本柳寛ほか、一九五一年。「秋刀魚の味」、出演・笠智衆、岩下志麻、佐田啓二、岡田茉莉子、吉田輝雄、中村伸郎、岸田今日子ほか、一九六二年。

男はつらいよ

一九七〇年代〜八〇年代の映画低迷期にあって、唯一といっていい、興行収入を稼いでいた映画に「男はつらいよ」シリーズがある。全五十作が、お正月とお盆に上映され、主人公のフーテンの寅こと車寅次郎(渥美清)は、日本人なら誰でも知っているキャラクターとなった。

葛飾柴又生まれの寅次郎は出奔して的屋(香具師)となる。香具師とは、博徒とは違うが、大きくヤクザに分類される。すなわち、コメディのヤクザ映画なのだ。

寅次郎がふらりと柴又に戻り、叔父夫婦の営む団子屋・寅屋に逗留、妹のサクラ(倍賞千恵子)らの気遣いをよそに、毎度毎度、美女に一目惚れしては騒動を起こし結果ふられるを、四十八回くり返した。美女はマドンナと呼ばれ、吉永小百合、浅丘ルリ子、八千草薫、岸恵子、竹下景子、松坂慶子、大原麗子らいろいろ、榊原るみ、田中裕子、桃井かおり、秋吉久美子ら若い女優がマドンナ役となる回もある。自分勝手で乱暴者の寅次郎にふりまわされる寅屋の人々、だが寅が旅に出ると「寅さん、どうしているかね」と懐かしんだりもする。

監督は主に山田洋次。渥美が亡くなるまで四十八作が作られ、四十九作、五十作は渥美の死後、甥の満男（吉岡秀隆／四十二作から満男の比重も重くなり、マドンナも満男が憧れる後藤久美子になる）が主役で作られた。

山田監督は渥美亡きあと、「たそがれ清兵衛」（主演・真田広之、二〇〇二年）など時代劇映画三本、吉永小百合を主演にした「母べえ」（二〇〇八年）など四本、「家族はつらいよ」シリーズ（出演・橋爪功、吉行和子ら）三本など、精力的な活動を見せている。

寅さんは決してヒーローではない。憎めない存在……なのか。観客にとってはそうだが、寅屋の人たちにとってはどうなのか。だが、昭和時代には、そうした町内の邪魔者みたいな奴はいた。それを排除せず、共存していた。そんな昭和の社会の縮図として、寅さんとその周辺は存在していた。個人情報が確立し、町内の繋がりみたいなものが希薄な現在では考えられないかもしれない。

「男はつらいよ」四十八作は一九九五年、寅さんがいなくなって三十年が経つ。昭和は遠くなった。

世界で評価された日本映画

昭和三十年代以降も世界の映画祭で日本映画は高評価を受けている。

《カンヌ国際映画祭》

一九八〇年　パルムドール「影武者」、監督・黒澤明、出演・仲代達矢、萩原健一、山崎努ほか

一九八三年　パルムドール「楢山節考」、監督・今村昌平、出演・緒形拳、坂本スミ子ほか

一九九〇年　グランプリ「死の棘」、監督・小栗康平、出演・松坂慶子、岸部一徳ほか

一九九七年　パルムドール「うなぎ」、監督・今村昌平、出演・役所広司、清水美沙、柄本明ほか

二〇〇四年　主演男優賞「誰も知らない」(監督・是枝裕和)柳楽優弥

二〇〇七年　グランプリ「殯の森」、監督・河瀬直美　出演・尾野真知子ほか

二〇一八年　パルムドール「万引き家族」、監督・是枝裕和、出演・安藤サクラほか

《ヴェネチア国際映画祭》

一九五八年　金獅子賞「無法松の一生」、監督・稲垣浩、出演・三船敏郎、高峰秀子ほか

一九八九年　銀獅子賞「利休　本覚坊遺文」、監督・熊井啓　出演・奥田瑛二、三船敏郎ほか

一九九七年　金獅子賞「HANABI」、監督・北野武、出演・北野武、岸本加代子、大杉漣ほか

二〇〇三年　銀獅子賞「座頭市」、監督・北野武、出演・北野武、浅野忠信、夏川結衣ほか
二〇一一年　マストロヤンニ賞「ヒズミ」、監督・園子温、出演・染谷将太、二階堂ふみほか
二〇二〇年　銀獅子賞「スパイの妻」、監督・黒沢清　出演・蒼井優、高橋一生ほか

今村昌平「楢山節考」「うなぎ」あたりまでは、日本的なもの、ヨーロッパ人らの考える日本の原風景を撮ったものが受けていたが、大きく変わったのは、北野武(ビートたけし)からかもしれない。二十一世紀になり、日本の評価が大きく変わっていったとも言える。

ゴジラ

日本が世界に誇れる映画に「ゴジラ」がある。ハリウッドでも何作か作られているくらい、影響力はある。

「ゴジラ」(監督・本多猪四郎、出演・宝田明、河内桃子、志村喬、平田昭彦ほか、一九五四年)、水爆実験で目覚めた怪獣が、首都を壊滅させる。恐怖映画であり、社会派映画であった。それ以上に、ゴジラという存在が重量感がある。世界にも類を見ない存在。特撮の凄さも評価が高い。やがて、ラドンやモスラも産み、他社でもガメラやガッパが競うが、その存在は日本ナンバー1の怪獣と言えよう。

「ゴジラ」も初期は恐怖映画、社会派映画の要素が強かったものの、怪獣の子供人気に押され、

ゴジラもヒーローとなり、モスラやラドンと協力して宇宙怪獣のキングギドラと戦ったりするようになり、徐々に求心力を失って行く。しかし、世界に名を残したゴジラが数年の時を経て、ハリウッドなどで蘇るのは必然だったのかもしれない。

日本が描かれている映画

ほぼ余談的に、日本が舞台の外国映画をいくつか紹介しよう。

外国映画で描かれる日本人は、昔は出っ歯で眼鏡で、有名なのは「ティファニーで朝食を」(監督・ブレイク・エドワーズ、主演オードリー・ヘップバーン、日本人役・ミッキー・ルーニー、一九六一年)だ。ディズニーの戦中アニメにも、そんな日本兵が出て来たりしていた。あるいは、竹藪、富士山、芸者ガール、スキヤキ、忍者、武士道、日本刀……となるのだろうか

《007は二度死ぬ》

監督ルイス・ギルバート、主演ショーン・コネリー、一九六七年、007シリーズの五作目。ジェームス・ボンドが日本に乗り込み、世界戦争を目論む悪の組織と戦う。ボンドガールに、浜美枝、若林映子、日本の諜報部のボス、タイガー田中(田中虎雄)が丹波哲郎。タイガーとその部下たちは忍者。地下鉄や姫路城が日本の諜報部の基地。相撲、海女、着物……日本の様式美がふんだん。日本人視点からすれば「おいおい」な映画かもしれないが、日本みたいな007の世界と思え

ば面白い。

《「悪魔の毒々モンスター東京へ行く」「カブキマン」》
監督ロイド・カウフマン。「悪魔のー」は一九八九年、「カブキマン」は一九九〇年。いずれもB級のおバカ、スプラッターコメディ。「悪魔のー」はおバカの第二段を日本が舞台に繰り広げた。相撲や鬼と戦ったり、チョンマゲのサラリーマンも出て来たり、日本をおちょくりまくる。「カブキマン」は、ニューヨークの刑事がある日、カブキマンに変身し、俳句などで修業し、悪と戦う。武器は日本刀と割り箸。実はナムコがスポンサー。カブキマンのキャラクターを売り出すつもりだった?

《ザ・ヤクザ》
監督シドニー・ポラック、出演ロバート・ミッチャム、高倉健、岸恵子、一九七四年。
サムライがすでにいない日本で、それにかわるものといったら、ヤクザになったのだろうか。竹藪と日本刀、武士道的なものとして任侠道になる。日本のやくざ映画トップスターの高倉健が刺青と日本刀で暴れる。

《ブラックレイン》

監督リドリー・スコット、出演マイケル・ダグラス、アンディ・ガルシア、高倉健、松田優作、若山富三郎ほか、一九八九年。「ザ・ヤクザ」から十五年も経っているが任侠道を否定した、冷徹な犯罪者のヤクザとして松田優作が登場、太平洋戦争や原爆を引き摺る若山富三郎の古いヤクザとの対比。どん底から這い上がり、今もアメリカと戦っているヤクザたちに、古い体質関係なし、力と金だけの虚無的な悪のヒーローとして松田優作かカッコよく描かれる。

高倉健がヤクザでなく、公務員としての刑事なのがおかしい。最後はマイケル・ダグラスに「御一緒させていただきます」になるんだが。

《47RONIN》

監督カール・リンシュ、出演キアヌ・リーブス、真田広之、浅野忠信、菊地凛子、柴咲コウほか、二〇一三年。魔性の忍者とか出て来る。ハリウッドが「忠臣蔵」を撮ると、北欧神話みたいになる。

《名探偵ピカチュウ》

監督ロブ・レターマン、出演ライアン・レイノルズ、ジャスティン・スミス、キャスリン・ニュートン、渡辺謙ほか、二〇一九年。日本の題材も侍や忍者から、ポケモンにと変わってゆく。

三　怪談

小泉八雲（ラフカディオ・ハーン）は日本の原風景として「怪談」を著わした。幽霊になって未練を果たすという宗教的な世界観、狐狸の妖怪の世界が存在したり、外国人から見た日本の不思議は怪談の世界に集約されているのかもしれない。

西洋にも幽霊や妖怪はいるが、日本の「怪談」はそれらとはまた違う何かが存在するようだ。

小泉八雲の「怪談」

小泉八雲は日本各地の伝説となっている怪異談や妖怪話を集めた「怪談（KWAIDAN）」（一九〇五年刊）を著わし、日本的な風俗を世界に発信した。日本独自の幽霊、妖怪などがビジュアルを含めて、世界に「日本的なるもの」として知られてゆくようになった。八雲「怪談」の物語をいくつか紹介しよう。

《耳なし芳一》

周防の阿弥陀寺に芳一という盲目の琵琶の名手がいた。ある夜、芳一は高貴な方々の座敷に呼ばれ「平家物語」を演奏する。その高貴な方々というのは壇ノ浦に滅びた平家の公達や女御たちの亡霊だった。芳一は阿弥陀寺の墓地にある平家の公達の墓で演奏をしていた。このままでは芳一がとり殺されると思った阿弥陀寺の住職は芳一の体中に経文を書いた。亡霊には芳一の姿が見えなかった。だが住職は芳一の耳に経文を書くのを忘れていた。闇の中に耳だけが浮かんでいた。高貴な方々の家来の武士は芳一の耳をねじ切って持ち帰った。平家の亡霊が「平家物語」を聞きに来た。芳一の琵琶の名声は「耳なし芳一」として近隣に轟いた。やがて、大内家より領地をもらい、芳一は幸福に暮らした。

《食人鬼》

夢窓法師という禅僧が美濃を旅していた。山奥で道に迷い、たどりついた庵に宿を頼むと、庵の老僧は断わり、近くに村があるからそこへ行くように言い道を教えた。村長の家の離れに泊めてもらうと、夜中、村長の父が死んだという。この村では人が死ぬと、死骸を置いて村中の者が村の外に出なければいけない掟がある。夢窓は死骸の守をすることにし独り残る。夜中、おぼろげなる者が現われ、死骸をむさぼり食らい、供物も食らい去って行った。翌朝、村人たちは帰って来た。夢窓は昨夜の一部始終を話したが、誰も驚いてはいなかった。夢窓は村を教えてくれた老僧のことを尋ねたが、村人は誰も老僧を知らなかったし、庵もないと言う。

夢窓は村人に別れを告げ、ふたたび庵の老僧を訪ねた。老僧は自分が昨夜の食人鬼であると語り出した。老僧はこのあたりに一人しかいない僧で、信仰心のないまま、生活のために死人が運ばれて来ると経を読んでいた。そんな因果で、死んだら食人鬼になった。老僧は夢窓の祈祷により成仏した。

《むじな》

東京が江戸といっていた昔、夜道を提灯の灯りを頼りに老人が歩いていた。すると道端で娘が泣いていた。夜中に娘がと不思議に思い声を掛ける。ふりむいた娘は目も口も鼻もない、卵のような顔だった、老人は驚いて逃げた。しばらく行くと、蕎麦屋の灯りがあったので助けを求めた。「その娘の顔はこんな顔じゃなかったですか」と顔を上げる蕎麦屋の親父の顔は、卵のようだった。驚いた途端、蕎麦屋の灯りが消えた。

雨月物語

上田秋成・作の怪異小説九編。一七七六年(安永五年)刊。近世の怪談文学の代表作で、のちの曲亭馬琴、山東京伝などの作品に影響を与えた。

《浅茅が宿》

時は戦国時代、下総真間に住む勝四郎は絹の商売をしようと、妻の宮木を置いて京へ行く。関東では騒乱が起こり、勝四郎は帰ることが出来なくなる。勝四郎は七年京で暮らしたが食うや食わずの毎日、せめて一目妻の宮木に会って死にたいと、無理矢理帰って来る。我が家には老婆がいた。宮木だった。翌朝、そこには家はなく、朽ち果てた廃墟で、宮木の姿はなかった。近くの村の住人には誰一人知り人はいなかった。戦さが起こり住人は皆逃げて、他所から逃げて来た者たちが誰もいなくなった村に住んでいた。勝四郎はやっと顔見知りの老人を探し出し、宮木の最期を聞く。村人たちが逃げたあとも宮木は勝四郎が帰ると信じ家に残り、翌年、亡くなった。勝四郎は廃墟で白骨を見付ける。勝四郎は文才はなかったが、宮木の供養で一生懸命和歌を詠んだ。

「いにしえの真間のテコナはかくばかり、恋してあらん真間のテコナを」

＊真間には「万葉集」に詠われたテコナという姫の伝説がある。

《吉備津の釜》

吉備に住む井上庄太夫の息子、正太郎は道楽者だった。親は嫁をもらえば道楽も止めるだろうと、吉備津神社の神官の娘、磯良をもらうこととなった。吉備津神社には茶釜があり、これで湯を沸かすと、吉の時には釜が鳴る。笛つきの薬缶の原理の釜があった。だが、嫁入りの前日、釜が鳴らなかった。神官は婚礼をやめようと思うが、すでに客も呼んでしまっているので、やむなく婚礼を上げる。磯良を嫁に迎えた正太郎は道楽を止め、万事めでたしとなるはずだった。ところがしばらくして正太郎に道楽の虫が湧き、鞆の浦のお袖という遊女とわりない仲になった。庄太夫は激怒し、正太郎を軟禁するが、正太郎は磯良を騙して金を奪い、お袖を連れて出奔する。磯良はあまりのことに病になり死んでしまう。

正太郎とお袖は、播磨に住むお袖の親戚の家に厄介になるが、お袖は病に掛かり死んでしまう。正太郎は毎日、お袖の墓に詣でた。そこで旦那と死に別れた奥様の下女と会う。正太郎は奥様に興味を持つ。早い話が道楽者の浮気心だ。正太郎はともに伴侶を亡くした同士で、お話をしたいと言う。そうして、奥様の屋敷に出掛けるが、奥様は死んだはずの磯良だった。

三遊亭圓朝

圓朝は幕末から明治の落語家で怪談噺を多く創作した。文明開花の時代ゆえの怪談も多く創作している。

《牡丹灯籠》

根津清水谷に住む浪人、萩原新三郎は医者の山本志丈の案内で向島へ行き、旗本・飯島平左衛門の娘、お露と会う。二人は恋に落ちるが、新三郎は平左衛門に咎められるのが怖く、以後、向島には行かなかった。しばらくして新三郎は志丈から、お露が新三郎に焦がれ死にしたと聞く。盆の十三日の夜、新三郎の家の前をお露と、女中のお米が通り掛かる。お露とお米は死んだというのは志丈の嘘で、三崎《さんさき》に住んでいると言い、それから毎夜、新三郎の家を訪ねて来る。新三郎の家作に住んでいる伴蔵は新三郎が幽霊と同衾しているのを見てしまい、お露が幽霊であると新三郎に告げる。新三郎は新幡随院の良石和尚に頼みお札を受ける。新三郎が家の戸にお札を貼ったので、お露は入れなくなる。お米はお露のため伴蔵を訪ね、百両でお札剥しを頼む。伴蔵は新三郎の懐の海音如来を盗みお札を剥す。新三郎は幽霊にとり殺される。伴蔵と女房のおみねは逐電する。

伴蔵とおみねは栗橋宿で関口屋という荒物屋を営み羽振りよく暮らしていた。だが、おみねは貧しい頃のことを忘れずにいる。伴蔵は茶屋の女お国とわりない仲となり、おみねの嫉妬に閉口し、幸手堤で殺害する。

伴蔵は同じ穴の狢の山本志丈にすべてを話す。幽霊騒動も伴蔵の作り話で、新三郎を殺したのも伴蔵だった。根津に戻った伴蔵は捕縛される。
＊飯島家で起こる騒動と並行して物語が綴られる。淡くはかない女の幽霊の恋しい心と、それを拒む不実な男の切ない物語に聞かせておいて、実は全部、作り事だったという、圓朝の大どんでん返しが見事な一席と言える。寄席やその他さまざまなジャンルの芸能では「お露と新三郎」の物語として上演されることが多い。

《死神》
貧乏な男が死神より、死ぬ病人と治る病人の区別を教わる。枕元に死神がいれば死ぬ、足元に死神がいれば治る。さらには足元の死神退散の呪文まで教えてもらい、俄医者になり繁昌する。金が出来ると、女房、子供を捨てて若い女と遊び歩くが、金がなくなると女も去り、ふたたび医者をはじめても、どこへ行っても患者の枕元に死神がいて手の施しようがない。ある日、どうしても病を治して欲しいと金満家に大金を積まれるが、またも死神は枕元にいる。男は一計を案じるが……。

＊イタリア歌劇「靴屋とクリピスノ」から圓朝が翻案したというのが今村信雄の考証だが、グリム童話にも「死神の名付け親」という似た話がある。いろいろな話に取材しているだろうから、何が原話というのを特定するのは難しい。外国作品を巧みに日本の物語に翻案した圓朝の凄さが現れた一席である。六代目三遊亭圓生の名演が懐かしい。

狐狸妖怪

「ゲゲゲの鬼太郎」や「妖怪ウォッチ」が人気で、現代的な妖怪も次々に生み出されているから、それらを細かに検証するのは難しい。とりあえず古典的な妖怪を紹介しよう。

妖怪にもいろいろある。因果モノは先祖の因縁から、普通の人間が産まれながらに妖怪となってしまうもの。例えば、ろくろ首。また、人間が歳古くなって妖怪に変化したもの。例として、山姥(鬼婆)。

一方、狐狸など、化けられる小動物から、大百足、大蛇など、妖怪というよりは怪獣に近いものもあろう。龍や麒麟もこれに属する。鬼や天狗、河童など、人間に近い形をしているものもある。

さらには、物も歳古くなれば魂が宿ると言われる。村正の刀は血を吸いたがり、所持した人が人を斬らねばいられなくなるとか、左甚五郎の作った彫刻の動物が動いたりとか、名工が魂を込めて作った物には、いろいろな神通力が備わったりもする。ある意味、物を大切にしなさいという教訓なのかもしれない。

妖怪は、捕食などの目的で人間を殺すものもいれば、異界の番人的な役割を担い、いたずらをして人間を怖がらせて近付かないようにしたり、時には殺したり怪我をさせたりして警告をうながすモノもある。

恐ろしい妖怪もいれば、一つ目小僧のように異形なだけでなんの神通力も持たないものもいる。いたずら好きの可愛い妖怪もいたりする。姿を現わさず、怪異を引き起こすものもいたり、妖怪もさまざまである。

《ろくろ首》

ろくろ首は、普段は普通の女性であるが、真夜中になると首が伸びて行灯の油を舐めるのだそうだ。小泉八雲の「怪談」に出て来るろくろ首は、首と胴が離れて、首がふわふわと飛んで行って人々を驚かしたりする。ろくろ首にもいろいろな種類のモノがいる。

《九尾の狐》

九尾の狐はただの狐ではない。女媧という女神の遣い姫である。

三千年前、中国は殷の時代、最後の皇帝、紂王が女媧の神殿を参拝したおり、紂王は女媧の像があまりにも美しいので邪な心を抱いた。そして、詩を吟じて壁に記したが、その詩の内容が、早い話が「美しい女神を愛人にして侍らせたい」というもので、女媧は激怒した。「殷の国を滅ぼしてやる」。そこで女媧は千年女狐、九頭雉鶏精、玉石琵琶精の三妖を殷の国へ行かせる。狐の仲間は雉と琵琶だ。どういう取り合わせなのかはよくわからない。

狐は妲己という美女に化けて紂王の愛人となり、雉と琵琶の二妖怪も美女となり、紂王を零落させる。「酒池肉林」という言葉は、紂王が妲己のために催した宴会のさまを言う。妲己に迷った紂王は、妲己に言われるまま、皇后や愛人や息子たちを殺し、それに諫言する忠臣も皆殺しにしてしまう。周の武王が殷に攻め込んだ時には、紂王の家来はほとんどいず、紂王自らが大薙刀をふりまわして応戦してきたという。紂王一人に武王は苦戦するが、とうとう殷は滅びる。妲己の色香に迷って紂は国を傾けたから、妲己のような美女を傾城、傾国と言う。

妲己ら三妖は武王に捕らえられて首を刎ねられる。だが、九尾の狐だけはしぶとかった。蘇って日本に渡って、今度は平安時代、玉藻前となり、鳥羽上皇の寵愛を受ける。ために鳥羽上皇が病に伏ってしまう。原因が九尾の狐であることを暴いたのが、陰陽師の安倍晴明だった。

最後の場面で、九頭雉鶏精が面白いことを言う。「もしかしたら、あのバカ皇帝は私たちの正体に気付いていていて、妖姦を楽しんでいたのではなかろうか」。九尾の狐よりも、実は変態男の紂王のほうが恐ろしい存在だったのかもしれない。

《狐と稲荷信仰》

一般には狐は稲荷の眷族と言われている。東京には、街のあちこちに稲荷社があるが、狛犬ではなく、狐の石像が飾られている。

稲荷社には狐が祀られているわけではない。中には玉藻前が祀られている稲荷社もあるそうだが、基本、狐はただの眷族である。眷族というのは腹心の従者をいう。

稲荷の元締めは伏見稲荷で、山全体が稲荷社で、延々続く鳥居は実に見事である。関東では笠間稲荷(茨城県)、東京では王子稲荷が中心的存在で信仰を集めている。王子稲荷の裏手には、眷族である狐たちが住んでいた穴が今も残っている。

伏見稲荷を仕切っていたのは秦氏で、秦氏は渡来人であったと言われている。祀られているのは五穀を司る倉稲魂命《うかのみたま》で、基本は農業の神なのだが、江戸時代は商売の神としても崇められ、江戸っ子たちは稲荷を信仰し、江戸の街々に小さな稲荷社が多く作られた。商家の敷地内にも稲荷社は多く、今ではビルの屋上に祀られている稲荷社もある。

ちなみに、油揚げで飯を包んだものを稲荷寿司と言うのは、狐が油揚げを好んだから。狐は雑食である。また、天明の頃、飢饉で江戸でも米が稀少となり、おからを油揚げで包んだものを寿司と称して売った。寿司だと思って食べたら、中身はおから。これは狐に化かされたようだ、というところから稲荷寿司と呼ばれるようになったという説もある。狐や狸が人を化かすというのは、昔の人には常識的なことであったようだ。

《狸》

狐狸妖怪というくらいだから、狐の次は狸だ。狸に関しては、可愛いいたずら者というイメージが強い。上州は茂林寺の分福茶釜や、童謡でもおなじみ木更津の証生寺の狸囃子(作詞・野口雨情、作曲・中山晋平)など、狸の話には楽しいものが多い。

狸がそんなに怖い存在でないのは、化けるくらいで、あとはそれほどの神通力がないからだろうか。俗に狸のキンタマは八畳敷などともいう。セックスのシンボル的な意味合いも狸にはあるのだろう。

四国の伊予には、八百八狸《はっぴゃくやだぬき》というのが歳古く住んでいる。天智天皇の時代に産まれた狸が四国へ来て、ここで何年も暮らしていた。そのうち八百八匹の眷族を従えるようになった。狸の大親分だ。ある時、松山城が隣国から攻められた時、八百八匹の狸が加勢して敵を破った。そこで殿様より「隠神刑部《いぬかみぎょうぶ》」の称号を賜ったという。このあとも松山城のお家騒動に狸が巻き込まれて、さまざまな事件となる。

狸のキャラクターの象徴は、酒屋の表に立っている信楽焼きの置物だろう。いたずら者で愛嬌がある、そんな狸を表わしている。信楽焼きの狸は個人の家でも持っている人が多い。狸だけに「他を抜く」と言って縁起がよいのだそうだ。

愛嬌の一方で、腹にイチモツある人や、ずるがしこい人を「狸親父」などと呼んだりする。ホンモノの狸よりも人間のほうが要注意ということなのかもしれない。

ちなみに、「狸親父」というが「狐親父」とは言わない。ずるがしこい人間を「狐」に例えると「女狐」になる。狐は女性のイメージなのか。ちなみに、狸《たぬき》は一般に牡をいい、雌は狸《まみ》と呼ぶ。これも狢同様、地方によって呼び方は変わるらしい。

《河童》

私たちの河童のイメージは、日本酒の黄桜、あのコマーシャルの漫画（清水崑）が大きいかもしれない。家族団欒で一杯やっている河童だ。お母さん河童がいて、お酌なんかしている色っぽい女の河童がイメージの中にあったりもする。

狐、狸と違って、実際に河童を見た人は少ない。だから、河童に関してはイメージでしか語ることは出来ない。河童は人間の尻子玉を抜いて食らうと言われている。泳いでいる人間を襲い、尻の穴に手を突っ込んで抜きその尻子玉を河童は食うのである。水死者の肛門が開いているところから、「河童に尻子玉を抜かれて死んだ」と言うようになったらしい。

尻子玉というのはなんだかよくはわからないが、一説には、魂のようなもので、それを抜かれると人間はフニャフニャになっちゃう。あるいは死んでしまう。別の説では河童にオカマを掘られてしまう、というような意味もあるらしい。

東京都のバッヂのデザインは実は河童である（一九五九年より）。江戸時代は海を埋め立てて街を作っていった、そして水路を使って物流が行われ街が栄えた。東京が水の都市で、はるか昔は人間と河童が共存していた名残ではないかと考えられている。

《天狗》

天狗というのは深山に棲息する伝説の怪物。人の形をし、顔は赤く鼻高く、翼があるものもいる。手に持った羽団扇で神通力を使う。背が高いのは山伏が用いる一本刃の下駄を履いているからだ。

平地の村に居を構える一般庶民が、山は恐ろしいものであると、山で起こるさまざまな現象を天狗の仕業と言い、恐ろしい像としての天狗を創造したと言われている。天狗と称する役小角《えんのおづの》にはじまる山岳信仰の者たちという説が一般的であろう。天狗は山伏の装束である。高尾山や鎌倉の半僧坊など山岳信仰の寺社に天狗の像があり、私たちの身近にも天狗は存在している。

そんな山岳信仰者たちが深山に隠れ政治を陰で支える結社であるというような話もある。顔が赤くて鼻が高いから西洋人ではないか、などの説まである。鞍馬山に住んでいて、「杉作、おじさんはね」と言ったのは幕末の鞍馬天狗で、「平家物語」では鞍馬山の天狗が牛若丸(義経)に武芸を教えている。政治結社説もありえぬ話ではない。

四　日本人はおいしいものが大好き

日本人は基本、食いしん坊である。

言い方が悪い？　食に関心の高い人たち？　誰だって食べるのは好きさ。生きる根源。でも、美味しいものを食べることに貪欲な人が多い点では日本人は最強かもしれないね。

フランス人や中国人よりも、私は、日本人の方が食いしん坊だと思うよ。日本を代表する料理には懐石などがあるが、筆者にはなじみがないので、ここでは日本人の日常的な食生活の中の日本文化について記す。

日本人は飯を食え

やはり日本人と言えば、主食は米の飯だ。

ご飯は美味しい。だが、昔の飯はそんなに美味しくはなかった。今は流行の古代米は、決して美味しくなかった。古代米が今、美味しいのは、古代米と称して味をよくしたものだ。

美味しくなかった古代米を工夫し、美味しくしたのが現代の米だ。たとえば、精米した米を食べるようになったのは、江戸時代だ。米を搗いて精米する搗米屋は承応、明暦（一六五二～五七年）の頃に出来た。実際に白米が常食となったのは元禄（一六八八～一七〇三年）の頃と言われている。

搗米屋の仕事は、もみがらのついた玄米を搗いて糠を落とす作業を行う。ホントは糠に、脂質、食物繊維、ビタミンB1などの栄養があるんだが、白米の方が甘くて美味しいから、白米が常食となった。江戸から昭和の戦前までは白米はまだ高価で、一般の人たちは麦や稗粟を混ぜて食べることが多かった。だから、白米だけの飯は「銀シャリ」と呼ばれて、それだけで高価値があった。

江戸の人たちは富裕町人も多かったから白米を食べる人が多かった。白米を食べるのが、ある意味、江戸っ子のステータスでもあった。いまは気軽にブランド米を食べているが、毎日食べる米の飯にも、それなりの歴史があり、「飯を食べること」が立派な日本文化でもあるのだ。

ファストフード大好き

江戸っ子と呼ばれた都市生活者は、ファストフードが好きだった。都市生活者は忙しい。だから飯の時間をとられたくない。とは言え、にぎり飯に塩つけて食べるだけでは味気ない。屋台飯に美味しさを求めた。しかも安価でなければならない。「早い、うまい、安い」、ファストフード文化が花開いたのが江戸の街だ。

世界中で屋台飯は愛されているが、日本オリジナルのファストフードを紹介しよう。

《蕎麦》

もともと蕎麦は米の代用食で、麦、稗、粟と同様、米の食べられない地方の農村で、団子や餅やそばがきにして食していた。それが街道の茶店などに出され、たまたま食した江戸の旅人が持ち帰り広まったそうだ。貧しい食べ物を工夫して美味しく食べる、これが日本文化だ。

今日、我々が食している細い麺状の蕎麦として登場するのは、明暦の頃(一六五五年)といわれている。江戸っ子に蕎麦が好まれたのは、早い、安い、うまいだ。茹でて汁を掛ければ出来上がり。

作るのも早ければ、ツルツルっと食べるのも早い。俗に「二八蕎麦」というのは、「蕎麦粉が八割でつなぎが二割」などとも言われているが、一杯の値段が十六文だったところから、二×八で十六文の洒落だなどとも言う。十六文は文化、文政の頃で四百円くらい。今の立ち食い蕎麦もだいたいそんな値段ではなかろうか。

《寿司》

寿司のはじまりは東南アジア。塩漬けの魚を米の中に詰め、米の自然発酵で魚を保存した。魚を保存するためのものだから、米は食べずに捨てていた。「熟《な》れ寿司」という、現在でも近江にある鮒寿司が原形である。日本に伝わったのは奈良時代で、やがて米食の日本人はご飯と魚を一緒に食べるようになる。自然発酵でなく、飯に酢を混ぜたりした。保存食から料理へと寿司が変化していったのだ。

握り寿司が登場するのは、文化文政(一八〇四～三〇年)の頃、江戸湾で採れた魚介や海苔を用いて考案された。ネタは、コハダ、穴子、アジ、イカ、タコ、ハマグリなど。最初はナマモノは腐るからと、酢で締めたり、焼いたりしていた。これも外国の保存食を見事に日本のご馳走とした例だ。

寿司の値段は屋台で一個四文～八文。待たずに食べられて安くてうまい、江戸の寿司は回転寿司のセンスだ。小腹がすいた時に二、三個つまむのが丁度よい。高級寿司店が登場したのは、天保(一八三〇～四四年)の頃。以降、寿司は高級志向と庶民の軽食の両輪で人々に愛されてきた。

寿司の本来は、高級寿司ではなく、回転寿司のほうが元祖ということだ。

《天ぷら》

天ぷらは、江戸湾の新鮮な魚介、穴子、芝海老、貝柱、コハダなどに水で溶いた小麦粉を付けて揚げた。串に刺して揚げたものを大皿に盛って出し、客は好きなものをとってタレをつけて食べた。醤油の普及で天つゆが工夫されたのも天ぷらの流行に一役買ったのだろう。揚げ物なんて面倒くさいが、焼くも揚げるも手間は同じだ。人気店は揚げればどんどんなくなるから、手間もはぶけて早い。

天ぷらの起源は、奈良時代にも見られ、鎌倉時代の精進料理にも、魚介や野菜を揚げて出したものはあったが、現在の天ぷらに近いものとして登場するのは、江戸初期の長崎。西洋人からもたらされた。語源は、ポルトガル語で料理するという「テンペラ」、スペイン語で寺の意味の「テンプル」、神に感謝する日で鳥獣を食べずに魚肉の揚げ物を食べる日の「テンポロ」、天竺浪人がふらりとやって来て揚げ物屋をはじめたので「天ふら」と山東京伝が命名したなど諸説ある。天竺浪人とはインドの浪人のことでなく、出所不明の浪人の意味。これも外国の料理を日本人好みに見事にアレンジした料理だ。

文化文政の頃は天ぷらもだいたい一串四文だった。屋台で人気の天ぷらだが、寿司と同様、江戸後期には、屋台で食べる庶民の食べ物と、料理屋の高級料理とにわかれた。また、店舗営業のそば屋で、天ぷらそばやかき揚なども出されるようになった。貝柱の天ぷらの入った「あられ蕎麦」など、今日の蕎麦屋ではあまり見掛けないメニューもあったようだ。

四季があるからご馳走がある

日本は四季がある。最近はなくなりつつあるのかもしれないが、短くとも春、秋は感じる。とりあえず、桜も紅葉も楽しむことが出来る。同時に食に関しても、四季の味を楽しむことが出来る。

《餅》

餅は本来、神様に捧げるものだった。お正月の鏡餅は神棚に飾る。餅を食べるというのは、神様のお裾分けをいただく、という意味。餅は力のもとで正月に食べると、一年の力を授かる。

確かに力のもとではあるが、それは神懸かりより、餅のカロリーが高いから。正月でなくても食べればパワーの源になる。

《赤飯》

江戸時代は餅米を蒸したものを一般に「おこわ」と言い、赤飯とは区別していたが、現在では赤飯も含めて餅米の料理を総称して「おこわ」「こわめし」などと呼んだりもする。

赤飯のルーツは古代米。色が赤黒いご飯が縄文時代には食べられていて、玄米や白米が食されるようになったのは江戸時代から。さまざまな品種改良がなされ、玄米、白米が主流になると、古代米は敬遠された。白い米のほうが古代米よりもうまいから。米の品種改良は、うまさの追求である。

《筍》

茹でて食べるのが基本。茹でた筍で、筍ご飯や若竹煮など、さまざまな料理に展開出来る。筍っていうのは何かと言うと、竹の芽だ。地中の茎から延びて来るから、どこに出て来るかわからない、筍掘りの楽しさは、竹藪を歩いて、ちょこっと頭を出している筍を見つけることにある。

《初鰹》

「まな板に小判一枚初鰹」と宝井其角が詠んだくらい、江戸時代は価値があった。鰹の旬は年二回。春から初夏、黒潮に乗って北上する鰹が初鰹で、秋から冬が戻り鰹。戻り鰹のほうが脂がのっていたそうだが、江戸っ子はどっちかというと、さっぱりした味が好きだった。

《夏の酒の肴》

落語「酢豆腐」で町内の兄貴分が次のように語っている。

「銭がかからなくて、酒飲みの食い物らしくて、歯あたりがよくて、腹にたまらない。さっぱりして、衛生によくて、他人に見られて体裁のいいような夏の食べ物」。

「銭が掛からない」、決して金がないわけではない。だが、仲間にたまたま銭がない奴がいたら、そいつをのけ者にしなくてはいけなくなる。皆で飲む時は、安価で済ませるのが鉄則。とは言え「他人に見られて体裁のいい」、貧乏ったらしい食い物は駄目。「衛生によくて」、食中毒にも注意はしていた。

《松茸》
今も昔も、秋の代表的なご馳走と言えば、松茸だろう。香りが違う。味も、独特の食感がある。では、他のキノコ類とどう違うのか。稀少で値段が高いと思って食べるから、うまい、というところはある。

《栗と芋》

栗は縄文時代から栽培されていたらしい。平安時代の頃までは穀物として貴重で、山城、近江、丹波などの栗林は特別に課税されていた。天皇や貴族たちが栗を好んで食べていたようだ。中世以降にはおやつとして食された。江戸時代には、甘栗や栗きんとんが、一般にも出まわった。

昔から食されていた栗が、江戸後期に登場した芋に抜かれたのが「栗よりうまい十三里」。

芋の産地の川越が江戸から十三里だったところから、九里(栗)四里で、芋が十三里と呼ばれた。

当時の栗はそんなに甘いものではなかった。和栗は甘さというよりは、深みのあるうま味が魅力であろう。甘さにおいては、芋に軍配が上がった。
また、栗のほうが値段も高い。むしろ、芋は安くてうまいおやつとして、庶民に親しまれたのかもしれない。

《うどん》

うどんもファストフードであるが、関西では人気のうどんも江戸では田舎者の食べ物とバカにされた。鍋焼きうどんは、作るのに時間が掛かる。値段もわずかだが蕎麦より高い。食べるのにも、熱いから時間が掛かり、第一、胃にもたれる。そら「早い安いうまい」が好きな江戸っ子には嫌われる。

嫌われているのに、なんでうどん屋なんていう商売が成立したのか。江戸は寒かった。つくばおろしと底冷えのする寒さ。冬には江戸っ子を返上し、うどんを貪り食う者も随分いたのだろう。

《鍋》

冬は鍋もうまい。屋台でねぎま鍋なんていうのを出した。葱、鮪鍋の略で「ねぎま鍋」。牛鍋の牛が鮪になつたもの、というのがわかりやすい説明。鮪も赤身でなく、江戸時代は嫌われた鮪の脂、トロや中落ちなんかを鍋にした。醤油に脂が沁みて、いい味になったんだそうだ。

湯豆腐や、タラ、アンコウ、魚の鍋はおなじみだが、鹿や猪、牛、豚など獣肉も江戸時代には好まれていた。貝原益軒「養生訓」には、獣肉料理のレシピも載っている。

江戸時代は宗教的な理由で表だって獣肉が食べられなかったというのは間違いで、単に値段が高いから、あまり食されなかっただけ。明治時代になり、牛鍋屋が相応の値段で開業されると、たちまち人気になった。

洋食って日本料理だよ

スパゲティナポリタンやオムライス、洋食と言われているものの多くは、西洋料理を日本風にアレンジしたもの。ハンバーグを揚げてメンチカツにするという発想が日本の食文化。西洋料理でも中華料理でも、日本人好みの味で、より楽しい料理として生み出す、それが日本料理であり、日本文化である。

洋食以外にもあるそんな料理をいくつか紹介しよう。

《カレー》
インドがイギリスの植民地だったため、イギリス人がアレンジした欧風カレーが日本に伝わったのが明治時代。カレーはまず軍隊(主に海軍)で食された。ヒンドゥ教徒が多いインドでは絶対考えられないビーフカレーは欧風ならではのもの。香辛料の効いた辛いカレーというよりは、シチューやスープに近いのがこの頃のカレーだった。

兵役を終え故郷へ戻った兵士たちがカレーの味を忘れられず、一般家庭の料理として普及させたのだ。明治三十年代には洋食屋のメニューの定番となり、昭和五年頃には一般家庭向きのカレー粉が発売され、家庭料理としてのカレーも生活の中に定着してゆく。いわゆる今日、我々が家で食べる、ご飯の上に黄色いカレーの掛かった、乱切りのじゃがいも、玉葱などの野菜がたっぷり入った日本風カレーである。

《あんぱん》

あんぱんを創作したのは、銀座の木村屋の創始者、木村安兵衛、英三郎親子。木村家は幕府の旗本だったが明治維新で武士を棄て、西洋文明に憧れていた安兵衛は早速、パン屋になることにした。横浜の外国人のもとで修業し、東京銀座に店を開いたが、当時は主食は米、パンを食べる習慣がなかった。

そこで木村親子は、おやつならよいだろうと、あんぱんを考案、これが好評になった。かねて知り合いだった山岡鉄舟のつてで、あんぱんは静岡にいた徳川慶喜に献上され、慶喜が絶賛したため、ついには明治天皇も召し上がり、木村屋のあんぱんは巷でも人気となり、今日でも多くの人があんぱんを食べるようになった。

日本のアレンジ力の凄さがこんなところにも見られる。

あとがき

芸能史と物語から、日本文化を捉え、日本人とは何かを考えてみた。
日本人は食いしん坊で、お洒落で、歌が好きで、恋愛が好きである。

原始時代から食されている米が今、こんなに旨いのは、旨い米を作る努力を二千年以上続けて来たからだ。その間に、蕎麦、うどん、饅頭に、醬油、味噌などの調味料も開発し、美味しいものを追求し続けたのが日本人だ。

江戸時代、錦絵の登場で、歌舞伎や吉原が江戸のファッションリーダーとなった。流行を一早くとらえ、一般人が流行の着物や、櫛などのアクセサリー、下駄や草履と、ファッションを楽しんだ。また海外の流行を取り入れたのが「唐もの」、そこから日本人好みの「お洒落」を作り出した。

生活歌、労働歌としての民謡を、誰もが口ずさんでいた。それが都市文化の発展とともに流行歌になり、多くの若者(主に男性)が稽古屋に通い、うまく歌うことを学んだ。いまも、カラオケは人気だ。男性たちが歌を学んだのは、歌がうまいと(芸の一つも出来ると)、女性にモテたから。ようするに、江戸の男女は恋に真剣だった。

それは江戸時代の話で、日本人とか、日本文化はもっと違うんじゃないのか。

そういう意見の人ももちろんいる。

日本人は秩序と礼節を重んじる民族。日本人としての尊厳を持ち、時には自己犠牲をも厭わない。災害時にもきちんと列を作って配給を受ける姿に、日本人の秩序を重んじる真面目な気質がうかがわれる。街の治安のよさ、ゴミもあまり落ちていない美観など、日本人の道徳心のあらわれだという。

横一列の平等による秩序と、正義の意識の高さもある。

だが、正義とは何か。

それは近代の日本が作り出した日本人像ではないか。いや、そんなことはない。江戸時代の武士道こそが日本人。という意見もある。

武士道を重んじていたのは、日本人の一割程度の武士のみ。武士とは何か。すなわち兵馬を司る者、戦う人たち、戦士を言う。近代国家の名のもと、徴兵が行われ、明治から昭和二十年まで、日本人の男子は天皇の兵士となった。ゆえに一般人が武士としてふるまうことを求められ、日本人像が大きく変わった。

富国強兵は近代の日本には必要だったかもしれない。

だが、厳格な帝国軍隊においても、海軍の一部の将校で、帽子を少しだけ曲げて被るのが流行した。帽子を傾けるところから、「傾《かぶ》く」、すなわち「歌舞伎」に通じる。江戸のお洒落に通じたところこそが、日本人らしさなんじゃなかろうか。

戦後。日本人はふたたび、平和と、そして新たに人権を得た。

おいしいものを食べる自由、お洒落する、歌う、恋する自由を得たのだ。

平和と自由、そのもとで楽しく生きる、それが日本人、なんじゃないのか。

出版に当たり尽力いただいた彩流社、河野さんはじめ多くの皆様に感謝いたす次第。

【著者】
稲田和浩
…いなだ・かずひろ…
東京都出身。作家、演芸作家(浪曲・落語・講談・漫才の台本、新内・長唄・琵琶・その他現代邦楽の作詞、演劇の脚本、演出)、演芸評論家など。日本脚本家連盟演芸部副部長(2024年3月現在)、文京学院大学外国語学部非常勤講師(日本文化論、芸術学)。主な著書「浪曲論」「大人の落語評論」「男の落語評論」「たのしい落語創作」「怪談論」「師弟論」など(彩流社)、「昭和名人この一席」(教育評論社)、「江戸落語で知る四季のご馳走」「水滸伝に学ぶ組織のオキテ」(平凡社新書)、「にっぽん芸能史」(映人社)など。小説「そんな夢をあともう少し」「女の厄払い」「豪傑岩見重太郎」(祥伝社文庫)。共著「五人の落語家が語る　ザ・前座修業」(守田梢路との共著/NHK新書)、「おやこで楽しむ講談入門」「おやこで楽しむ講談ドリル」(宝井琴星監修、小泉博明、宝井琴鶴との共著/彩流社)など。編著「落語演目・用語事典」(日外アソシエーツ)。

Sairyusha

日本文化論序説《にほんぶんかろんじょせつ》
二〇二四年五月十日　初版第一刷

著者――稲田和浩
発行者――河野和憲
発行所――株式会社 彩流社
〒101-0051
東京都千代田区神田神保町3-10大行ビル6階
電話：03-3234-5931
ファックス：03-3234-5932
E-mail：sairyusha@sairyusha.co.jp
印刷――モリモト印刷(株)
製本――(株)難波製本
装丁――中山デザイン事務所(中山銀士+金子暁仁)

ISBN978-4-7791-2970-4 C0076
http://www.sairyusha.co.jp